本书受天津市哲学社会科学规划办资助

GONGJICE JIEGOUXING GAIGE YU
ZHIZAOYE ZHUANXING SHENGJI YANJIU

—— YI TIANJIN GANGTIE CHANYE WEI SHIZHENG

供给侧结构性改革与制造业转型升级研究

——以天津钢铁产业为实证

郝海　著

西南财经大学出版社

中国·成都

图书在版编目(CIP)数据

供给侧结构性改革与制造业转型升级研究:以天津钢铁产业为实证/郝海
著. —成都:西南财经大学出版社,2022.6
ISBN 978-7-5504-5378-4

Ⅰ.①供… Ⅱ.①郝… Ⅲ.①钢铁工业—工业发展—研究—天津
Ⅳ.①F426.31

中国版本图书馆 CIP 数据核字(2022)第 095780 号

供给侧结构性改革与制造业转型升级研究——以天津钢铁产业为实证
郝海 著

责任编辑:刘佳庆
责任校对:植 苗
封面设计:张姗姗
责任印制:朱曼丽

出版发行	西南财经大学出版社(四川省成都市光华村街 55 号)
网 址	http://cbs.swufe.edu.cn
电子邮件	bookcj@swufe.edu.cn
邮政编码	610074
电 话	028-87353785
照 排	四川胜翔数码印务设计有限公司
印 刷	四川煤田地质制图印刷厂
成品尺寸	170mm×240mm
印 张	10
字 数	188 千字
版 次	2022 年 6 月第 1 版
印 次	2022 年 6 月第 1 次印刷
书 号	ISBN 978-7-5504-5378-4
定 价	68.00 元

前　言

改革开放四十多年来，中国经济持续高速增长，中国成功步入中等收入国家行列，成为名副其实的经济大国。但随着人口红利衰减，在"中等收入陷阱"风险累积、国际经济格局深刻调整等一系列内因与外因的作用下，中国经济发展正进入"新常态"。2015年以来，我国经济进入了一个新阶段，主要经济指标之间的联动性出现背离，经济增长持续下行与CPI持续低位运行，居民收入有所增加而企业利润率下降，消费上升而投资下降，等等。与此同时，宏观调控层面货币政策持续加大力度而效果不彰，投资拉动上急而下徐，旧经济疲态显露而以"互联网+"为依托的新经济生机勃勃；东北经济危机加重而一些原来缺乏优势的西部省份异军突起……可谓"几家欢乐几家愁"。中国经济的结构性分化趋于明显，为适应这种变化，在正视传统的需求管理还有一定优化提升空间的同时，迫切需要改善供给侧环境、优化供给侧机制，促进我国经济长期稳定发展。

2015年11月，习近平总书记在中央财经领导小组第十一次会议上首次提出推进"供给侧结构性改革"。同年12月，习近平总书记在中央经济工作会议的讲话中，对供给侧结构性改革从理论到实践作了全面阐述，强调抓好去产能、去库存、去杠杆、降成本、补短板五大任务，明确宏观政策要稳、产业政策要准、微观政策要活、改革政策要实和社会政策要托底五大政策支柱。12月18日至21日，中央经济工作会议在北京举行，中共中央总书记、国家主席、中央军委主席习近平发表重要讲话，强调应大力推进供给侧结构性改革，以钢铁、煤炭等行业为重点加大去产能力度，突出重点加大补短板力度。

制造业是一个国家提升综合国力、保障国家安全和强盛的支柱性产业，加快建设制造业强国，发展先进的现代制造业，提高制造业的发展水平，是我国社会经济发展和供给侧结构性改革的着力点。制造业转型升级主要是指制造业产业结构调整和战略转变，具体指从生产劳动密集型的低附加值产品向生产资本密集型或技术密集型的高附加值产品转移。供给侧结构性改革给制造业转型升级提供了巨大的发展新机遇。作为我国制造业基础的钢铁行业持续深化供给侧结构性改革，"十三五"以来，钢铁行业实现了生产流程所有主工序装备的自动化控制，主要制造工艺基本实现了基于网络互联的多机组生产过程控制，具有较好的智能化升级的基础。面对世界新一轮工业革命，"十四五"时期钢铁行业将进一步加快数字化、智能化、网络化转型，支撑我国钢铁工业及国民经济的高质量发展，这是实现向全球产业链中高端跃升的关键。

天津钢铁产业是供给侧结构性改革的发力领域，2017年深入实施"三去一降一补"，压减过剩产能，从以"去"为主，转向"去中促优"，全年压减市辖区内钢铁产能180万吨，到2020年辖区内钢铁产能控制在1 500万吨左右。开展了"增品种、提品质、创品牌"专项行动，包括开展质量精准化管理提升行动，建立与国际接轨的生产质量体系；实施名牌产品培育计划，建立覆盖创意设计、制造、应用和服务的全产业链新生态，增强"天津制造"品牌优势；落实了新一轮降成本行动，推进企业减负，既降低了税费、要素等直接成本，也降低了审批、评估等制度性交易成本，营造创新创业环境，提升了钢铁产业的竞争力与活力。钢铁产业确立了"局部退出、减量提升、绿色发展"新思路，基本破解了"钢铁围城"等棘手问题。

制造业转型升级必然带来社会经济发展的结构优化、质量提升。天津钢铁产业发展瞄准产业链、价值链的高端，充分利用"一带一路"倡议和"京津冀一体化"等国家战略提供的有利时机，拓展钢铁产业一体化的深度，以创新驱动钢铁产业链的不竭竞争力。基于此，本书从钢铁闭环产业链的视域审视钢铁产业，梳理了天津钢铁产业在新发展时期的新状况，剖析了天津钢铁产业在整体结构、产能过剩等方面存在的新挑战，最后从天津钢铁产业的发展方式、产业结构优化，给出其供给侧结构性改革的路径设计与产业政策，期许能为天津钢铁产业的发展转型升级提供科学的决策支持。

鉴于资料数据的使用和研究方法的探索，同时受到编写时间、编写能力和研究水平的局限，本书尚有诸多不足之处，恳请广大读者提出宝贵意见，以便今后进一步修订和完善。

郝海

2022年3月

目　录

第1章 绪论

钢铁行业以从事黑色金属矿物采选以及冶炼加工等活动为主，是国家重要的原材料工业之一。20世纪80年代以来，美日等国都曾把钢铁行业作为国家的支柱型产业。钢铁行业是对原材料进行生产和加工的行业，处于工业产业链的中间位置。它的发展与国家的基础建设以及工业发展的速度关联性很强。钢铁行业在我国工业现代化进程中发挥了不可替代的作用，是国家独立经济体系的基础，是发展国家工业体系的前提。钢铁行业大规模的固定资产投资给国家贡献了大量的GDP以及税收，缓解了就业压力，钢铁行业是关系国计民生的基础性行业。

1.1 研究内容

2008年开始，由于金融危机对实体经济的影响持续加深，钢铁行业是受影响最大的行业之一。2015年以来，传统钢材需求大户房地产业、汽车行业以及造船业等经营不佳，再加上产能过剩，钢铁行业面临着全面亏损的严峻形势，因此，调整产业布局，实施专业化生产是钢铁行业必然的抉择。

1.1.1 钢铁产业供给侧结构性改革的动因

改革开放以来，我国的钢铁行业一直发展迅速，其产量一直位于世界前列，而大量粗钢的产出会导致资源浪费、产量过剩，钢铁产品大量囤积，产能利用率较低。我国钢铁行业与发达国家相比，存在明显的粗放型特征。此外，钢铁行业集中度较低，主要表现在市场容量过大，不论是国有企业还是中小型企业都同时发展，企业退出行业的代价较大，所以不但不容易形成规模效应，还会出现规模不经济的现象。同时，多数企业缺乏先进的技术水平，专业化程度较低，产品同质化严重，钢铁企业的综合实力较弱。

1.1.2 钢铁产业链模型的构建

作为典型的中游行业，钢铁产业链上下牵连甚广。钢铁产业链大致可分为三个部分，即上游、中游和下游。钢铁产业链的上游，主要依靠国际大宗商品（铁矿石、焦煤）进口而获得初级原材料。其价格波动受到全球经济一体化、国家宏观经济贸易政策走向、国际大宗商品价格变化、汇率利率费率的变化、国内外金融体系融资成本以及国际货运船期等因素的影响较为严重。钢铁产业链的中游，即钢铁冶炼环节。钢铁作为高污染、高耗能的重工业企业，主要影响来自地方政府在环保、能耗、融资等方面所出台的政策以及相关法律法规，国家对于钢铁行业总体产能规划，以及下游钢材产品加工制造领域对于钢坯的需求等。钢铁产业链的下游，即钢材、生铁产品加工环节，主要包含普钢、特钢以及不锈钢产品的加工制造。其主要影响来自下游房地产、汽车、民用基础设施建设、军工、其他制造业对于钢材产品的需求，以及钢材产品制造业中的各个子行业的产业政策、需求、经济周期的变化。

1.1.3 钢铁产业链的作用机理剖析

根据世界钢铁协会公布的数据，2020 年全球共有 107 家钢铁企业粗钢产量超过 300 万吨，15 家中国企业首次被列入榜单。分国别看，作为全球最大产钢国，中国 2020 年共有 65 家企业入围排行榜，较 2019 年的 55 家多 10 家，其合计粗钢产量占全部上榜企业产量的比重为 59.4%，超过 2020 年中国粗钢产量在全球总产量中的占比。但我国大型钢铁企业集团市场影响力不足，我国最大的钢铁企业上海宝钢产量不到国内钢铁总量的 10%。而美国、日本、俄罗斯、韩国、德国等粗钢产量前三家钢铁企业占全国的比重均超过 50%。"十三五"时期是我国钢铁行业实现低碳发展的重要窗口期，高能耗、低效益的中小企业将被淘汰，实力雄厚的大型企业通过兼并重组掀起新一轮整合潮，未来中国钢铁行业集中度将进一步提升，推动中国钢铁行业整体迈向高质量发展。

1.1.3.1 行业集中度分析

行业集中度较低是中国钢铁行业的核心问题，不利于钢铁行业以需定产，相关企业各自为政，产业大而不强，难以集中决策，从而导致了钢铁产品结构不合理、档次和质量较低、资源消耗较高等方面的问题。我国粗钢产量连续多年居于世界首位，但并不代表我国是钢铁强国。我国钢铁生产企业的组织结构集中化程度偏低，与发达国家的寡头垄断状态相比，仍处于落后地位。

1.1.3.2 钢铁企业博弈分析

钢铁产业的分散性特征明显，市场进入门槛较低。大量中小企业涌入，但由于缺乏竞争力，难以获得成长。同时，进退机制不完善，退出行业的代价较大，市场没有完全形成以竞争为导向，参与主体复杂且利益诉求难以统一。本书运用博弈论的纳什均衡对分散型产业易产生过度竞争的机理进行深入的定量分析，论证产量过剩是产业发展之必然，为政府制定产业政策提供相关的建议。

1.1.3.3 产业链价格传导机制分析

我国铁矿资源产地分散，导致开发成本一直居高不下；同时，我国铁矿含铁量较低，在较高附加值产品开发上明显力度不足，对外依存度较高，因此钢铁行业在信息传导方面的不对称性现象比较突出。

根据经济学基本原理，供给与需求相互作用实现均衡价格。对钢铁产业链来讲，均衡价格需要通过产业链的纵向和横向进行传递而形成。即钢铁需求变动带动铁矿石价格变动，钢材价格上涨导致矿石价格上涨，但反过来钢材价格的下跌却不一定会带来矿石价格下跌。这就是产业链的传导机制。这里从量化的角度进行协整关系分析，对非对称性价格传递影响的分析包括两阶段：第一阶段，估计门限自回归模型和惯性门限自回归模型得到价格调整速度；第二阶段，利用线性回归描述对价格调整速度的影响，最终导出钢铁产业的预警机制。

1.1.3.4 产业网络的相关性分析

"重上游，轻下游"是我国钢铁行业产业链的主要特征。这种失衡状态使得上游资源保障体系缺失和下游产能过剩，双向挤压使钢铁行业面临不能健康持续发展和产业经济安全受到影响的双重挑战。近年来，铁矿石、焦炭价格的上涨给钢铁企业带来巨大的成本压力，于是钢铁企业纷纷沿产业链向上走，谋求与上游企业的联合，以降低生产成本。但钢铁企业下游的布局略显冷清，仅有少数钢铁企业以参股或战略联盟的方式参与下游产业项目，如宝钢等。因此，我国钢铁行业想要高质量发展必须上下游携手，共建高质量生态链，从粗放型转向集约化，这样不但能实现上下游企业共赢发展和钢铁行业健康可持续发展，而且能提高行业资源配置效率，最终实现行业高质量发展。

本书借助复杂系统理论，将天津产业关联视为一个复杂网络，以最新的投入产出表为基础，视不同经济部类为网络中的节点，视不同经济部类之间的投入产出关系为节点之间的连接线段，构造一个以经济部门为基础节点，且节点之间相互联系的天津产业关联网络模型，通过复杂的网络统计分析它的拓扑特征，应用产业经济学原理揭示其现实内涵。

1.1.4　钢铁产业供给侧结构性改革的路径驱动和引导政策

天津市想要贯彻"供给侧结构性改革"理念，探索供给侧结构性改革的路径转换，必须实现现代服务业和先进制造业双轮驱动，在现有产业链的基础上，进行技术改造和创新，把简单加工转型为智能先进制造，以创造新供给、激发新需求来有力推动制造业的创新发展，全面提升制造业生产效率、效能和技术含量。

1.1.4.1　去化产能、转产搬迁、兼并重组是初期路径

政府主导为首要，同时国有企业之间的合并重组和行政区域内的重组也要并行。目前，我国绝大多数重要的钢铁企业仍为国有企业，特别是第二梯队、第三梯队的钢铁企业主要是地方国有企业，由此可见并购重组主要是对这些企业的重组。要尽快建立切实有效的退出机制，使更多的优质产能的钢铁企业摆脱僵尸困境，最终让有竞争力、有订单、产品有较高档次、环境友好型企业直接受益。

1.1.4.2　提升产品质量是中期路径

据全国市场监管工作会议报告，2018 年前三季度全国制造业产品质量合格率为 94.16%。目前钢铁产业的竞争很大程度上还是价格竞争，缺失品质竞争动力，企业欠缺品质意识。著名经济学家周其仁提到，现在生产的很多产品，要是品质有所改善，跟上迅速崛起的中产阶级的品质和时间需求，就会提升产业链的有效需求。

1.1.4.3　创新驱动是终极路径

中国钢铁工业协会的统计数据显示，我国前 5 家特钢生产企业的特钢产量占比在 35% 左右，略高于普钢行业，而日本、欧盟等发达国家该数据在 70% 以上。且我国特钢生产技术相对落后，这与我国特钢行业中小企业多、技术研发投入少有关。此外，高附加值、高技术的板管材比例（板材、管材总产量与钢材总产量比）也只占约 39%，均低于国际平均水平，这也代表我国钢铁行业产品结构还处于低档次状况。与发达国家相比，国内特钢行业的集中度较低。我国纳入中国钢铁工业协会统计的 32 家特钢企业产量占特钢总产量的比重在 60%~70%。我国特钢企业集中度较低，行业中小企业居多，大型专业化生产企业相对较少。

1.1.4.4　产业引导政策

国家对钢铁行业的结构调整一直在进行，长期来看，收缩产能是必要举措。通过整合政府、行业和企业各方力量，加强对天津钢铁行业的规范管理、

上下游战略合作，将产业链拓展至高端装备制造其他领域；在钢材出口、铁矿石资源保障等工作上，要协同制定解决方案；改善金融服务，充分发挥资本市场的作用，扩大定价弹性；同时，要进一步完善企业所得税政策以及土地增值税政策，有针对性地引导、促进天津钢铁行业健康发展。

1.2 本书的理论意义与实践意义

国家统计局发布公告，2020 年我国粗钢产量为 10.65 亿吨，位列全球第一，占全球粗钢总产量比重为 56.7%。钢铁行业已成为全球贸易摩擦频发的重点领域，全球钢铁行业都面临着产能过剩的结构性问题。我国在"十三五"规划以及各项国际会议上都强调要改变现有的供给结构，实现供给侧结构性改革。

天津作为我国北方重要的经济中心，钢铁是其重要的支柱产业。2019 年，天津市粗钢产量为 1.42 万吨，同比下降 16.47%，可见供给侧结构性改革初见成效。就天津市实际经济运行而言，天津钢铁在缓解就业压力、优化经济结构、拉动投资以及繁荣市场方面都发挥着越来越重要的作用。但在钢铁产能过剩、利润微薄的大背景下，天津钢铁也遭遇了产业困局，天津市国资委于 2016 年 4 月底将渤海钢铁集团拆分，显示了钢铁产业在转型中所面临的巨大压力。为落实党中央、国务院关于供给侧结构性改革调整的总体要求，确保天津钢铁产业平稳运行，推动产业升级，本书研究具有重大的现实意义。

1.3 研究方法与技术路线

1.3.1 研究方法

本书从经济与计量分析出发，采用规范分析与实证并举、理论探讨与实证分析相结合的研究方法。

1.3.1.1 文献分析法

文献分析法主要收集整理了国内外关于钢铁产业与其相关领域的文献，密切跟踪国内外最新的研究动态和实践态势，尽量汲取现有研究的有益因素。文献分析法的优点在于分析成本较低，工作效率高，能够为研究人员进一步分析提供基础资料、信息，是分析问题、理论推导以及创新的基础。

1.3.1.2 统计建模法

面对着数据和信息"爆炸"的挑战，如何迅速有效地将数据提升为信息、知识和智能，是统计工作者面临的重要课题，而统计建模将统计方法、计算机技术完美结合，带动以数据分析为导向的统计思维，发现和挖掘数据背后的规律。统计建模是以计算机统计分析软件为工具，利用各种统计分析方法对批量数据建立统计模型和探索处理的过程，用于揭示数据背后的因素，诠释社会经济现象，或对经济和社会发展做出预测或判断。统计建模的框架流程为：

（1）明确问题：统计建模强调问题导向，因此首先要明确需要求解的问题。

（2）收集数据：在明确问题的基础上，根据问题的要求，进行统计设计，对所涉及的各个方面与各个环节通盘考虑和安排，直接或间接（可用的数据库）地收集和整理出各种必要的信息。

（3）模型假设：利用统计分析方法，对问题做出必要的、合理的假设，使问题的主要特征凸现出来，忽略问题的次要方面。

（4）模型构建：根据所做的假设以及事物之间的联系，构造各种量之间的关系，把问题转化为统计分析问题，注意要尽量采用适当的统计分析模型及方法。

（5）模型求解：利用构建的模型进行计算，并得到与问题有关的一些信息。如有必要，可对问题做出进一步的简化或提出进一步的假设。

（6）模型分析：对所得到的信息进行分析，形成判断，特别要注意当数据变化时所得结果是否稳定。

（7）结果检验：分析所得结果的实际意义，与实际情况进行比较，看是否符合实际，如果不够理想，应该修改、补充假设，或重新建模。在实际问题中，任何统计模型都只能是对客观复杂过程的一种近似描述，所以当把数据集纳入某一方便有效的统计模型进行研究时，会存在许多值得思考的问题。

统计模型是对数据内在规律性的数学描述，数据的复杂性必然带来模型的复杂化。以描述变量之间关系的回归分析为例，经典的统计模型是线性回归函数和独立同分布正态误差。由于所研究的客观现象越来越复杂，要求也越来越精细，回归函数已从线性发展到各种非线性、广义线性、部分线性、比例危险率等半参数回归函数，以及可加、广义可加和完全非参数等非参数回归函数；误差模型也发展到独立不同分布的正态误差和污染误差等参数和半参数模型，以及独立不同分布的对称误差、相依弱结构误差等半参数和非参数模型。近些年研究较多的统计模型还有：分层模型、多重线性模型、潜马氏链模型、间接可加模型、网络图模型、时空序列模型和条件异方差模型、结构方差模型等，主流的统计软件都提供这些模型的计算支持。

本书用到大量数据资料的支撑，需要收集京津冀地区乃至全国钢铁产业的相关数据，包括钢铁企业的产品构成、规模数量、上游铁矿石、下游钢铁期货价格等数据，主要源自中国产业信息网、中国钢铁价格网、各省份统计年鉴、相关专业的网络数据库。

1.3.1.3　数学建模法

数学建模法是"问题导向"的分析模式，其步骤如下：

（1）步骤1：明确问题。

建立数学模型去解决管理活动中的实际问题时首先要明确"问题是什么"，以便正确地界定问题。这个步骤需要与管理决策者进行沟通互动，对其提供的问题状况进行认真研究。了解管理者所面临的困境，收集相关资料，明确究竟解决什么事情，要达到什么目标，为此必须做出什么决策。这是数学模型技术与管理科学的接口——入口过程。

由于实际问题往往是多样和复杂的，涉及方方面面的因素，如果把涉及的所有因素都考虑到，既不可能也没必要，而且还会使问题复杂化，所以明确问题时首先要考虑问题涉及的范围，用系统的观点和方法去分析，把握考虑问题所在系统的边界和环境，了解所分析问题中有哪些可以控制的因素，有哪些不可控的重要影响因素，等等。

（2）步骤2：问题归类与概念化。

问题明确以后，还要对其做类型判别，即先看它是不是能用数学模型化方法解决的问题。如果是，再看它是属于哪一类建模问题，或者说它适合用哪一类方法解决。

（3）步骤3：建立数学模型。

建立数学模型是管理科学方法的关键步骤，具体内容主要是在问题概念化的基础上进一步确定模型的构成要素以及它们之间的联系，用变量和数学关系式表达出来，形成数学模型。

①模型的构成要素。

一般来说，模型的最基本构成要素由三部分组成，即结果变量、决策变量和不可控变量。结果变量反映了系统达成目标的有效性程度，它依赖于决策变量的取值；决策变量描述了决策问题中可以做出选择的要素；不可控变量是指系统环境中对决策有重要影响但不可控的因素。

②数学模型的结构。

模型的基本构成要素是由数学关系式联系在一起的，进而形成数学模型。管理中遇到的问题不同，模型的具体表现形式也不尽相同，可能要应用各种各样的数学理论和方法，必要时还要创造新的数学理论和方法。但要注意的是，在保证精度的条件下尽量用简单的数学方法是建模时要遵循的一个原则，要求建模者对所有数学学科都精通是做不到的，但了解这些学科能解决哪一类问题和大体上怎样解决的方法对开阔思路是很有帮助的。此外，根据不同对象的一些相似性借用某些学科中的数学模型，也是模型构成中常使用的方法。

（4）步骤4：求解模型。

建立的数学模型可以采用解方程、推理、图解、计算机模拟、定理证明等各种传统的和现代的数学方法对其进行求解，其中有些可以用计算机软件来做这些工作。建模的目的是寻找规律以解决实际问题，这一过程称为模型求解。

管理科学的模型种类很多，解的性质及其求解方法各异。"最优解"是解的主流类型，它是在模型的所有可行解中寻找出最优的一个。除了"最优解"之外，还有其他一些解的类型，如"满意解"和"描述性的解"。"满意解"是指在模型的次优解或"各行所长"的一组解中使决策者满意的解；"描述性的解"相应于描述性的模型，该类模型的目的主要是描述系统在不同条件下的状态，可用于预测和分析系统的行为特征。相对于"最优解"，这些其他类型的解也称为"非最优的解"。

（5）步骤5：结果分析与模型检验。

求得模型解以后，还要对它进行分析，同时要检验模型的正确性。分析和检验的内容，首先是看结果与实际情况是否相符，模型是否能够正确地反映实际问题，具体方法是可将不同条件下的数据（如不同时期的数据）代入模型看相应的解是否符合实际。其次，要分析模型中的参数发生小范围变化时对解的影响，这一过程称为灵敏度分析。如果解对参数变化的反应不过于灵敏，则在实际中可能会更容易应用。

把模型在数学上分析的结果与研究的实际问题作比较以检验模型的合理性称为模型检验。如果认为模型不能很好地反映实际问题，则要重新对问题进行分析并适当修改模型。通常，一个模型要经过多次反复修改才能得到满意结果。

（6）步骤6：实施。

对模型及其解进行分析和检验后，还要对其实际意义给以解释并将其提交给管理决策者。管理决策者如果认为可以实施，则管理科学的分析结果得以实现，就能利用获得的正确模型对研究的实际问题给出预报或对类似实际问题进行分析、解释和预报，以供决策者参考；如果认为仍不能实施，则要再次对问题进行分析并适当修改模型。这一步骤是分析结果回归管理环境的过程，也是模型化技术与管理科学的接口——输出过程。

数学建模的方法与技术能起到辅助决策的作用，但不能代替管理者的决策，管理者在分析各方面的因素和做出决策方面负有最终的责任。

1.3.1.4 实证研究

实证研究方法适合研究最新出现的复杂现象，从中验证理论的合理性或构造出相应的理论框架。结合具体算例，进行实证研究，以便将定性和定量相结合，将主观经验判断和客观推导相结合，发挥两方面的长处和优势，指导课题的研究过程。

通过上述方法的整合分析，本书剖析天津市钢铁产业的发展现状，指出天津钢铁产业存在问题的深层原因，给出供给侧结构性改革路径和产业政策，探讨解决问题的对策与建议。

1.3.2 技术路线

技术路线如图 1-1 所示。

第一，要明确课题的研究对象和研究范畴，确定研究的目的，准备要用到的知识、模型、分析工具和手段，对不精通的地方补充学习、提高理解，积累课题研究所需的知识储备。

第二，梳理已有的研究成果，学习借鉴相关的研究思路，夯实研究的理论基础。总体上说，课题要用到复杂系统、博弈论与信息经济学、循环经济的理论指导。

第三，建构产业链的结构模型，明确产业链上下游行为主体，为后续博弈分析做好铺垫与准备，进一步明确课题的研究范围和内容。

第四，陆续展开产业集中度、价格传导机制、复杂网络方面的研究，分组收集研究要用到的数据，走访相关领域的专家，借助他们的专业知识预判课题要达到的深度，进行具体的研究工作。

第五，开展博弈机制方面的研究，剖析钢铁产业链相关主体的行为特征，就研究的内容构建博弈模型，寻找其纳什均衡解，展开博弈讨论分析。

第六，在数据分析和理论机制探讨的基础上，提出钢铁产业供给侧结构性改革的进展路径，分短期、中期、长期路径来诠释表述。

第七，给出钢铁企业供给侧结构性改革的管理对策，集成上述研究成果，汇总研究结论，完成研究报告。

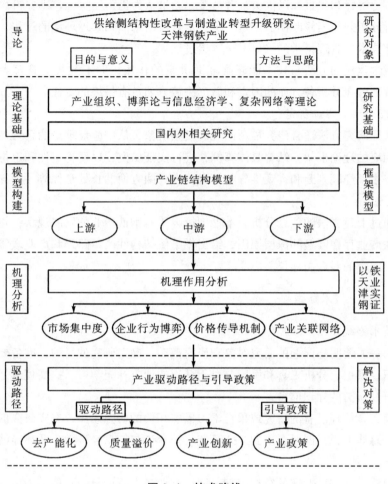

图 1-1　技术路线

1.4　框架安排与主要内容

在国家供给侧结构性改革的大背景下，对天津钢铁产业展开剖析探究，以给出其供给侧结构性改革的路径设计与产业政策。如图 1-2 所示，本书共分 10 章，第 1 章是绪论，阐述课题研究的背景、理论及现实意义，说明研究的方法，概括课题研究的主要内容和技术路线。第 2 章是相关概念与基本理论，给出后续研究用到的核心概念界定，以及所用的基础理论框架，特别渗透了循环经济的发展诉求。第3章引入集中度理论，对天津钢铁产业的集中度展开横向与纵向比较，明确天津钢铁产业的定位和发展之路。第4章应用博弈理论探讨钢铁产业产量过剩的机理原因、钢铁产业的空间辐射半径、行政监管的必然性。第5章从产业链价格传递过程揭示钢铁行业面临复杂多变的市场环境，给出价格可预测的时间区间估计。第6章借助复杂系统理论考察天津钢铁产业在产业关联中的作用，刻画钢铁产业在产业布局中的核心地位，凸显其作为天津支柱产业的重要作用。第7章从废钢铁回收的闭环供应链探讨了各主体的协作契约，以规范产业链各方的努力行为。第8章阐述了天津钢铁产业的驱动路径，提出了一体化、差异化、创新化的发展思路。第9章给出天津钢铁产业的产业发展对策。第10章是总结与展望，归纳所做研究的结论及创新点，指出该课题研究值得深思的一些议题，并概括课题研究的不足之处。

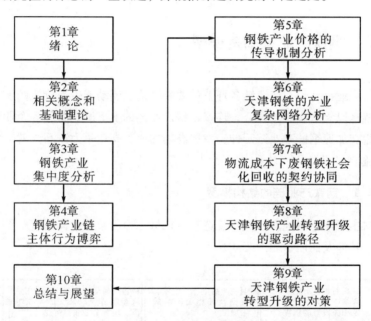

图 1-2　本书的框架结构

第 2 章　相关概念和基础理论

　　钢铁产业是综合国力水平的重要标志，其在我国现代化进程中有着不可替代的作用。钢铁工业作为原材料的制造和加工行业，与国家基础设施建设关联度很高，钢铁产业的健康可持续发展，对区域经济有着难以估量的意义。

2.1　钢铁产业链结构模型

　　钢铁产业链冗长，产业链各环节的要素、信息流动能带来价值的实现。钢铁产业链是以钢铁企业为核心，连接钢铁产业链的上下游、服务等企业形成的动态联盟。加速钢铁产业链延伸，发展高附加值、高竞争力产品，就会实现质量和效益的"双提升"。

2.1.1　钢铁产业链的结构模型

　　钢材主要用于房地产、汽车、造船、机械工程、家用电器制造、军工国防等行业，其涉及面广，如图 2-1 所示。

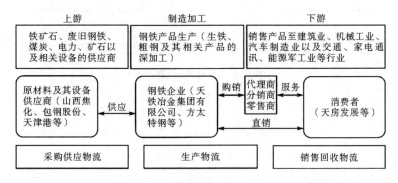

图 2-1　中国钢铁产业链结构示意图

钢铁产业链上游主要是铁矿石采选业[1]。铁矿石是冶炼钢铁最重要的原材料，但是存在非常显著的垄断情况，力拓（Rio Tinto Plc）、淡水河谷（ValeS. A.）、必和必拓（BHP Billiton Plc）、FMG（Fortescue Metals Group Ltd）四大矿山的铁矿石产量约占全球产量的二分之一。目前我国铁矿石的存储量相对较高，但铁元素的质量分数较低，单位采矿成本较高。我国钢铁产业链对外矿依赖性高，图2-2是国内外铁矿石储量对比，铁矿石占钢铁成本的40%~50%。钢铁产业链原材料焦煤的产地比较广，国内山西产量最大（占比47%），距天津地理位置相对很近；国外如俄罗斯、美国等都出口焦煤，焦煤占钢铁成本的20%~30%。

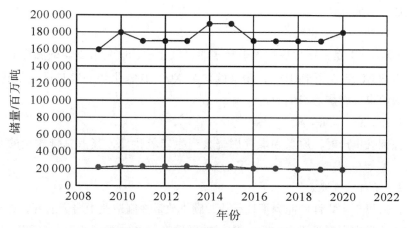

图 2-2 中国和世界铁矿石储量对比

钢铁产业链中游是冶炼及加工，我国钢铁产业分布较广，2020年全国粗钢产量前十省份分别是河北省、江苏省、山东省、辽宁省、山西省、安徽省、湖北省、河南省、广东省、内蒙古。我国粗钢产能位于世界第一，而河北省[2]更是我国粗钢的主要产地，大约是全国总产量的25%，其区域位置决定了与天津钢铁产业的竞争激烈。

在钢铁需求方面，普钢的需求重点体现在建筑行业，比例约占50%；钢管、型钢等不同种类的钢材在机械设备、汽车制造等行业被大范围使用。钢铁产业链主要有两个特点：一是用钢行业集中在下游，对于钢铁行业本身来说会缺乏一定的话语权；二是钢铁的需求分布在下游（分散），会导致下游行业出现"东方不亮西方亮"的情况。

2.1.2 钢铁产业链的环境负效应

钢铁产业链的环境负效应是大气污染，这是当今环境污染的主要污染源，钢铁冶炼中不加处理的二氧化硫、氮氧化物、烟尘排放等，是大气污染物 PM2.5 超标的元凶，会导致周边生态环境急剧恶化，直至影响人民的健康幸福生活。

2.1.2.1 固体颗粒物

固体颗粒物主要来自钢铁制备、燃烧和煤气净化过程。如钢铁制备过程中原煤的堆放、粉碎和输送时形成的粉尘，钢铁燃烧过程中不完全燃烧排出的微小灰粒，形成固体颗粒。

2.1.2.2 氮氧化物

NO 和 NO_2 是钢铁冶炼过程中释放的氮氧化物，这是由于煤的燃烧而形成的，通常 NO_2 占比不到 10%，剩余的均为 NO。氮氧化物一般是通过气化炉、燃煤锅炉煤气燃烧等产生的。

2.1.2.3 二氧化硫

在钢铁生产时，原煤和煤气燃烧会产生二氧化硫，其占总排放量的 80% 左右。

2.1.2.4 碳排放

钢铁属于密集性的能源消耗行业，碳排放量在制造业中居于前列，在全国碳排放总量中占到近五分之一。中国的钢铁产量在世界居于首位，2018 年钢铁的产量就达到全球钢铁产量的一半以上。据估计，2017 年钢铁行业二氧化硫等大气污染物排放量约占我国排放总量的 37%。在国外，钢铁行业把水路运输和铁路运输作为主要的运输方式，而我国重点依赖于公路运输方式，我国钢铁的运输量约为全国货物运输总量的 10%，单单是在公路运输中产生的大气污染物排放量就比较突出，为钢铁行业本身排放量的五分之一以上。

钢铁行业已成为各区域落实碳达峰的重要抓手，加速钢铁产业向绿色低碳方向发展，对国家如期实现"双碳"目标至关重要。未来钢铁行业的发展大方向是重新组合，通过对钢铁产业集中度的提升，使得钢铁的产能布局更趋完善；增加有活力、竞争性企业的产品输出，减少竞争力低的钢铁产出，从而达到资源利用最优。

2.1.3 钢铁产业链的物流成本

钢铁产业链向上、下游拓展延伸就是实现制造业与现代物流业的融合发展，培育现代钢铁物流服务。钢铁物流是大宗商品的专业化物流，要求从最初的供应商到最终的消费者整个物流服务链上的协同，要求钢铁产业链管理上的一体化。钢铁产业链的物流运作分为三个部分：一是以铁矿石等原材料为主的（上游）供应物流；二是以制造半成品为主的生产物流；三是以最终产品交易为主的（下游）销售物流，钢铁制品的价值最终是通过销售物流实现的。

在钢铁物流运转过程中，其运输、仓储、流通加工及配送环节都有钢铁行业独有的特点，其运输成本占比最大。钢铁物流涉及体量较多，是整个物流体系中除煤炭外第二大体量的细分物流行业，各个物流环节都有特殊的需求，如表 2-1 所示。

表 2-1　钢铁物流的主要环节及特点

环节	特点
运输	大宗商品的物流，运量大、运距长、运输方式多样化
仓储	对存储空间的布局要求较高，保管上要避免机械性损伤，防止锈蚀
流通加工	对钢材流通加工、配送中心的信息化要求较高，这是提高物流附加值的重要环节
配送	网点分散，配送效率较低，需要配备专用装卸机械

2019 年，我国钢铁行业物流成本费用率约为 12%。按整体的均值测算，我国钢铁产业链的物流成本约为 924 元/吨，其中运输、仓储、配送、流通、加工成本分别占比约为 59%、12%、3%、13% 和 8%。通过降低运输成本可以降低钢铁企业的总成本，同时也可以更好地控制物流总成本。

受制于我国的地理状况，钢铁物流活动空间大，需求方较为分散，集中配送难以达成，制约着钢铁物流成本的降低。要提高钢铁物流水平与效率，可引入智能化的电子商务模式，加速生产与流通无缝衔接。

2.2　逆向钢铁产业链

资源短缺，环境的承载能力有限，已成为经济发展的基本状态。不可再生资源的存量已无法满足经济快速发展对于资源的需求，从而严重阻碍了经济的稳定增长。从钢铁产业来看，我国铁矿石资源品质不高、短缺是常态，提高废弃钢铁的资源利用率是打破资源量限制，建设资源节约型、环境友好型社会的必然要求。我国在人均钢铁资源拥有量、废钢循环利用率上，都远低于世界平均水平[3]。2019年我国再生资源回收约10万家企业，从业人员约1 500万人，我国废钢铁、报废机动车、废有色金属、废弃电气电子产品、废电池等回收总量约3.54亿吨，废钢铁回收占比接近三分之二。

2.2.1 废钢铁回收的正效应

循环经济发展的时代背景，对废旧金属的需求量越来越大，通过垃圾分类处理、回收利用废金属，经济发展和环境保护可以获得更大的效力。要始终秉持可持续发展理念，充分发掘资源回收利用的潜在利益，以下是解决钢铁产业链上游风险的举措：

（1）充分利用废钢资源，发挥废旧钢铁回收利用的最大价值。废钢铁是节能环保的再生资源，废钢铁与铁矿石炼钢相比，可节能60%、节水40%、减少废气排放86%、减少废水排放76%和废水废渣排放97%。每利用1吨废钢铁可节约1.7吨铁矿石、0.68吨焦炭和0.28吨石灰石，且能无限循环利用。

（2）加快废旧钢铁的回收利用，完善废钢铁再生资源的电子交易市场。这是钢铁产业链规模化、产业化、金融化发展的新课题，是极具前瞻性的产业发展战略，在将来的钢铁原料配制中，废钢铁将成为关键要素从而有可能替代铁矿石的地位。

（3）掌握废旧钢铁回收的市场态势。废旧钢铁的回收价格与市场现存的钢铁数量、市场需求、生铁和铁矿石等原料价格、政治因素、意外灾害以及钢铁行情都存在着密不可分的关系，会随着这些因素的变化而不断波动。因此，充分了解这些影响，掌控钢铁回收情况对风险控制至关重要。

2.2.2 废钢铁的回收分类

我国废钢铁资源产生的地域分布也不平衡，全国80%以上的废钢铁分布在华东（江苏、沪、鲁、鄂、川、粤）、华北（京、津、唐、晋）、东北（辽、黑）这12个钢铁企业比较集中、人口稠密的地区。要围绕大型钢铁企业建立废钢铁回收体系，使废钢回收行业走向集约化、产业化。废钢铁来源有两方面：一是生产性来源的生产性-工业化回收；二是非生产性来源的非生产性回收。

2.2.2.1 生产性-工业化回收

每炼一吨生铁可回收10~12千克的废铁；每炼一吨钢可回收30~40千克的废钢；每轧一吨钢材可回收15%~25%的废钢，占废钢铁回收总量的30%~

50%。机械加工产生的主要是钢铁屑沫、切头、切尾、边角余料、加工废件等,这类废钢占废钢铁回收总量的20%~25%。金属结构基建会产生边角余料,如切头、切边等;在拆除过程中也会产生大量的废钢铁,如钢铁结构件、框架等。

2.2.2.2 非生产性回收

非生产性回收范围较广,各种机械设备要不断地进行更新维护,例如航空、航海机械设备,军械武器装备,仪器、机床,动力设备,农业机械,运输工具,车,船等,这类废钢铁占废钢铁回收总量的25%~30%。非生产性回收还包括社会回收,例如钢铁器皿、细小五金、农业工具等,主要源于人们生活中所淘汰的质量较差的物品。

2.2.3 废钢铁回收产业链

废钢铁的回收产业链由钢铁回收、加工再制造、进入市场流通以及成为锻造冶炼的原材料几部分所组成[4]。废钢铁回收企业一般从国内废钢回收网点或从境外采购批量废钢铁原料,再将废钢产品销售或配送给钢铁企业回炉炼钢,交易形式包括现货交易和电子商务等,如图2-3所示。

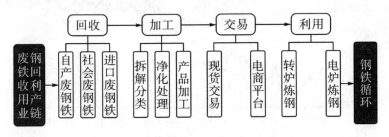

图2-3 废钢铁回收利用产业链

我国废钢回收参与者主要分为三个层次:私人废钢回收点、初级处理商(或分销商)和二级处理商(专业废钢加工商)。私人废钢回收点从居民和本地工业企业处收集含钢铁废弃物品,经销商简单加工进行分类、拆卸和包装,专业废钢公司将废钢分类并处置为标准化产品,出售给钢铁冶炼企业。根据商务部流通业发展司会同中国物资再生协会于2016年发布的《中国再生资源回收行业发展报告》,再生资源回收行业缺少市场准入门槛,人员素质普遍较低,多采取粗放式经营方式、产业链条短、增值水平低、同质化现象明显。具有一定规模的企业回收量仅占回收总量的10%~20%,小企业仍有相当数量,行业小、散、差的特点明显,组织化程度低,市场竞争力较差[5],这和废旧回收市场的物流成本太高有关。

中国再生资源开发有限公司（简称中再生）是我国最大的专业性再生资源回收利用企业，2016 年其废钢回收量占全行业总回收量的 4.1%，拥有 27 家废钢经营分公司及 40 多个废钢加工配送中心，它们将废钢铁进行分类处理，然后出售给不同需求的钢铁企业。

2.2.4 废钢铁市场的价格引导

废钢铁中的可再生钢铁原料是钢铁生产的重要原料，具有显著的环境效益。受钢铁产品及原料端整体价格波动作用，再生钢铁原料价格剧烈变化，但整体处于上涨趋势。2020 年全国再生钢铁原料资源产生总量为 2.6 亿吨，再生钢铁原料的现货和期货合约市场亟待完善，图 2-4 是天津废钢铁回收价格变化曲线。

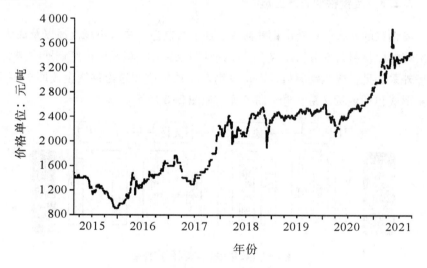

图 2-4 天津废钢铁（6~8mm）价格趋势图

注：数据源自前瞻数据库。

2.3 供给侧结构性改革

国务院总理李克强在"十三五"规划纲要编制工作会议上提出："要在供给侧和需求侧两端发力促进产业迈向中高端。"供给侧有劳动力、土地、资本、创新四大要素[6]，供给侧结构性改革旨在调整经济结构，使要素实现最优配置，提升经济增长的质量和数量。

2.3.1 供给侧结构性改革的时代背景

2015 年，我国经济呈现快速增长的态势，GDP 总量已位于世界第二，人均 GDP 收入已步入由中等收入国家向中高收入国家迈进的阶段。然而经济运行出现了阶段性、深层次、趋势性的变化，突出表现为消费结构不断升级，而供给侧方面人口红利弱化、整体的发展速度下降、环境容量受限。从国际上看，我国参与国际分工与合作的低成本优势不在，新一轮科技革命和产业变革正在孕育兴起。

这些不断的变化和变革要求我国需加快转变经济发展方式，推动供给侧结构性改革转型。由于相应体制的约束，我国产品结构和生产要素结构都不适应需求侧变化，要深入供给侧结构性改革，通过产品的创新来提高质量，增强供给和需求之间的适配性，使我国经济向形态更高级、分工更优化、结构更合理的阶段演进。

2.3.2 钢铁行业供给侧结构性改革的动因

在我国，钢铁产业被称为"工业粮食"，产能居世界第一，产量过剩情况相对严重，但部分特殊钢材仍需要大量进口，供给侧结构性问题较为突出。我国如何由钢铁大国向钢铁强国转变是钢铁行业共同面对的难题，钢铁低端低附加值产品充斥市场，不能满足消费者的有效需求，钢铁行业整体创新能力较差，其转型和升级遇到了一系列困难。2016 年，我国开始对钢铁行业进行供给侧结构性改革，其原因是有些钢铁企业亏损比例居高不下（如图 2-5 所示），以及钢铁产业是高污染、高能耗产业。

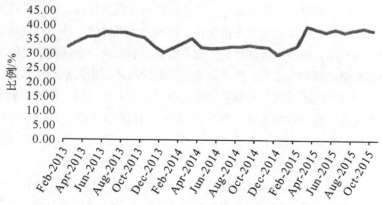

图 2-5　2013—2015 年钢铁企业亏损比例

数据来源：前瞻数据库。

（1）我国钢铁产业布局不合理。我国的钢厂布局主要集中在华东和华北地区，比重接近65%。西南、西北地区合计占10%。我国长期存在着北钢南运，或者东钢西运的问题，这中间会造成物流成本增加，同时也严重影响企业的竞争力，资源和市场的配置效率不是太高。从2015年的粗钢产量地区分布图和省份分布图，我们可以看到华北地区占比33%，华东地区占比31.3%，这个布局严重不合理。同时，河北省占比23.5%，江苏省占比13.7%，山东省占比8.3%。我们生产低端产品，布局不合理，高产能、高能耗、高污染、低利润，到了采用供给侧结构性改革手段治理的时候了。

（2）"僵尸企业"危害市场。"僵尸企业"是一个很明确的经济概念，指企业自身没有生存能力，靠贷款和政府补贴，或者靠集团补贴才能存活的企业。"僵尸企业"的危害表现在：第一，浪费社会资源。"僵尸企业"占用大量的资金、土地等资源，但不能产生经济效益。第二，破坏正常的供需关系。"僵尸企业"在输血的支撑下以亏本的价格销售产品，以这样的方式占据健康的市场，破坏了正常的供需关系和市场价格。第三，不规范经营。一些"僵尸企业"为了存活，生产销售假冒伪劣产品或者是偷税漏税，这对于整个市场来讲，或者对于整个监管来讲，会产生负面作用。第四，产生社会问题。"僵尸企业"对职工的利益是不能保障的，它自己都不挣钱了，职工的利益肯定是不能保障的。

供给侧结构性改革即调整供给结构，矫正供需结构错配和要素配置扭曲，解决有效供给不适应市场需求变化等问题，使供需在更高水平实现新的平衡。

2.3.3　供给侧结构性改革对钢铁行业的作用

第一，供给侧结构性改革进一步确立以市场需求为导向，更加密切关注市场的需求与变化。以市场需求安排生产、以客户需要提供产品、以终端需要生产定制化的产品，将是供给侧结构性改革的目标和方向。市场需求是供给侧结构性改革的驱动器和助推器，也是供给侧结构性改革的出发点和落脚点。

第二，提高供给质量。钢铁企业要一改过去那种以自我为中心、随意性较强的生产方式，根据市场需求进行产业创新、调整结构和去产能，消除产能过剩矛盾。同时向市场提高有效供给，提高产品质量，提高行业要素的质量和水平，促进行业健康、科学、高效发展，促进行业早日走出困境。

第三，有利于钢铁产业重塑供应链，提高流通质量。在钢铁供应链条上，过去是钢厂处于强势地位，现在是终端处于强势地位。流通企业过去到钢厂进货要找关系，同时还要提前打预付款。对于下游的供货，要有预付款，有的可能账期很长，短的也至少有一个月的账期，所以流通企业是两端受气。实际上上中下游应该是合作的关系，所以要理顺供应链，保证上中下游整个渠道的畅通。

第四，能够更加积极地发挥"钢铁+互联网"的作用，推进产业链的深度融合和融通。钢铁电商在2014年、2015年呈现爆发式增长，不完全统计近300家，实际上这是过剩的。未来钢铁电商成全国性规模的可能是个位数，可能还会有一些区域性或垂直电商存在。钢铁电商的发展应该是"钢铁+互联网"，实体经济插上互联网的翅膀，这样才会更有效果，更有作用。供给侧结构性改革将有利于发挥好"钢铁+互联网"的作用。宝钢欧冶云商提出的理念是共生共赢，共建生态圈。事实上通过钢铁电商有效整合钢铁上中下游的资源，进行有效配置，对于钢厂供给侧结构性改革是一个双向的反馈。

第五，产品质量、科技含量的提高和升级换代，有利于流通行业拓展新客户，提升盈利空间。它有利于提高我们国家的钢材在国际市场上的竞争力，大钢厂可在高端产品这一块多投入一些资金和人员进行研发。这样既有利于产品结构更符合客户需求，也有利于整个钢铁行业走出困境，健康发展。

中国特色社会主义进入新时代，既要发展经济，又要贯彻落实创新、绿色的新发展理念。钢铁行业也要在新的理念引导下构建新发展格局，推进供给侧结构性改革，向绿色低碳转型发展，持续调整流程结构、能源消费结构，加速钢铁行业向碳达峰与高质量发展同步迈进。

2.4 相关理论基础

2.4.1 产业组织理论

产业组织理论是微观经济学（个体经济学）中的一个重要分支，是研究产业内企业关系结构的状况、性质及其发展规律的应用经济理论。

2.4.1.1 产业组织理论的奠基

20世纪初，垄断资本主义取代了自由资本主义，垄断资本对资本主义国家经济运行的影响体现得十分深刻，尤其是20世纪30年代的经济大危机，使以马歇尔为代表的正统经济理论与现实的矛盾日益显现。1933年，英国剑桥大学经济学家琼·罗宾逊的《不完全竞争经济学》和美国哈佛大学张伯伦教授的《垄断竞争理论》几乎不约而同地问世。琼·罗宾逊探讨了垄断市场的需求特征、垄断企业的成本、垄断企业的短期和长期均衡以及多厂垄断和双边垄断等。哈佛大学张伯伦教授在书中提出了垄断竞争的概念，分析了特定产业内的市场结构、价格、利润、广告和效率等的相互关系，提出了生产同类产品的企业集团及与之相关的厂商企业的关系问题，界定了"产品差别"的内涵及其对市场竞争的影响。罗宾逊和张伯伦为分析产业组织提供了实践模拟基础，从不完全竞争出发研究市场结构和厂商行为的变异及绩效，从而对市场结构研究具有开创性，并直接推动产业组织理论向市场结构方向发展。产业组织理论是产业经济学各领域中定型较晚的部分，现代产业组织理论的形成以贝恩1959年出版的《产业组织》一书为标志，迄今只有六十余年的历史。从其产生和形成的渊源来看，最早萌芽于马歇尔的"生产要素理论"，奠基于张伯伦等人的"垄断竞争理论"，最终体系形成于贝恩等人的系统研究。

2.4.1.2 产业组织理论的基本体系

现代产业组织理论由市场结构、市场行为和市场绩效三个基本范畴构成，三者之间存在着相互作用、相互影响的双向因果关系。从短期看，市场结构决定市场行为，市场行为决定市场绩效；从长期看，市场绩效对市场行为、市场行为对市场结构也有一定的反作用。人们普遍认为，结构对行为、行为对绩效的影响是主要的，而绩效对行为、行为对结构的影响是相对次要的。

（1）市场结构。

决定市场结构的主要因素有集中化程度、产品的差异性、市场进入退出壁垒、市场需求的增长率、市场需求的价格弹性、短期的固定费用与可变费用的比例等。这些要素相互作用，例如当市场需求提高，保持其他要素不变，市场的进入壁垒会降低，同时会导致商家的集约化程度降低，最终使得整体的市场存在更大的竞争力。市场集中化程度、产品的差异性和市场进入退出壁垒在整个市场结构中起着决定性作用。

（2）市场行为。

市场行为是指企业为获得更大的利润和更高的市场占有率而在市场上所采取的战略性经营行为。企业的市场行为受制于市场结构，同时，又反作用于市场结构，影响市场结构的特征和状况，并直接影响市场绩效。市场行为主要包括企业的价格行为、企业的非价格行为和企业的组织调整行为三大类。

（3）市场绩效。

市场绩效是指在一定的市场结构下，通过一定的市场行为，使某一产业在价格、产量、费用、利润、产品的质量以及技术进步等方面所达到的现实状态，实质上反映了市场运行的效率。

2.4.1.3 SCP 分析范式

SCP 理论是 20 世纪 30 年代哈佛大学学者创立的产业组织分析的理论，他们以新古典学派的价格理论为基础，以实证研究为手段，按结构、行为、绩效对产业进行分析，构建了系统化的市场结构（structure）—市场行为（conduct）—市场绩效（performance）的分析框架。

贝恩（Bain, 1958）在吸收和继承了马歇尔的完全竞争理论、张伯伦的垄断竞争理论和克拉克的有效竞争理论的基础上，提出了SCP分析范式，如图2-6所示。该范式成为传统产业组织理论分析企业竞争行为和市场效率的主要工具。他认为，新古典经济理论的完全竞争模型缺乏现实性，企业之间不是完全同质的，存在规模差异和产品差别化。产业内不同企业的规模差异将导致垄断。贝恩特别强调，不同产业具有不同的规模经济要求，因而它们具有不同的市场结构特征。市场竞争和规模经济的关系决定了某一产业的集中程度，产业集中度是企业在市场竞争中追求规模经济的必然结果。一旦企业在规模经济的基础上形成垄断，就会充分利用其垄断地位与其他垄断者共谋限制产出和提高价格以获得超额利润。同时，产业内的垄断者通过构筑进入壁垒使超额利润长期化。因而，贝恩的SCP分析范式把外生的产业组织的结构特征（规模经济要求）看作企业长期利润的来源。

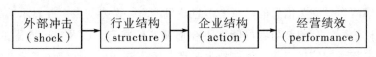

图2-6　SCP分析范式

2.4.2　博弈论与信息经济学

博弈论是一门重要的社科理论，它在经济学的各个领域都有广泛的应用，并且可以更为准确地揭示相应的社会现象。博弈论与信息经济学的产生与发展引发了一场深刻的经济学革命，因为它代表着一种新概念、新方法论、新分析方法和一种全新的思想。博弈论与信息经济学不仅能在学术领域中光彩夺目，在其他领域如军事、管理、体育、政治、公关、个人生活中同样能得到充分利用，甚至在生物学中都可以觅其踪迹。在普通的企业管理中，经营者要熟练地掌握管理之术，必须能够自动自发并自觉地运用博弈论与信息经济学。在日常生活中，人们可以凭借博弈论与信息经济学的思想方法来分析进而解决实际问题。

2.4.2.1　博弈规则

博弈就是个人或组织在一定的环境条件与既定的规则下，同时或先后，仅仅一次或是进行多次地选择策略并实施，从而得到某种结果的过程。我们生活在这个世界上，就不可避免地要与他人打交道，这是一个利益交换的过程，也就无可避免地要面对各种矛盾和冲突。简单说来，博弈论就是研究人们如何进行决策以及这种决策如何达到均衡的问题。每个博弈者在决定采取何种行动时，不但要根据自身的利益和目的行事，还必须考虑到他的决策行为对其他人可能产生的影响，以及其他人的反应行为的可能后果，通过选择最佳行动计划，来寻求收益或效用的最大化。博弈论关注的是意识到其行动将相互影响决策者们的行为。当一个城市中仅有的两家报社为其报纸定价时，它们会意识到自己的销量既受对方影响，又同时影响对方。此时，它们即成了一个博弈的参与者。它们不是在与购买其报纸的读者进行一场博弈，因为每一位读者都不会考虑自己对报社的影响。对于制定决策时不考虑别人的反应，或是将其视为非人格化的市场力量的场合，博弈论是无用武之地的。

2.4.2.2　博弈信息

信息是以信息集（information set）的概念来模型化的。参与者 i 的信息集是指属于该参与者，但却在不同路径上的结点的集合。在博弈论中，信息集是指对于特定的参与者，建立基于其所观察到的所有博弈中可能发生的行动的集合。如果博弈是完美信息的，每个信息集只能有一个参与者，并显示博弈所处的阶段；否则，有的参与者可能就不知道博弈的状态，以及自己周围的形势。不妨将参与者的信息集看作他在特定时点对于不同变量的取值的了解，信息集的要素包括参与者认为可能的不同值。若信息集有很多元素的话，则表明存在参与者无法排除的许多取值。若信息集只有一个元素，则表明他准确地知道变量的取值。

2.4.2.3　博弈描述

一个博弈中必不可少的要素包括：参与者（players）、行动（actions）、信息（information）、策略（strategies）、支付（payoffs）、结果（outcome）和均衡（equilibria）。对一个博弈的描述至少必须包括参与者、策略和支付；而行动与信息则是建筑材料。参与者、行动和结果合起来称为博弈的规则（rules of the game），建模的目的即在于运用博弈的规则来确定均衡。

均衡策略（eqilibrium strategies）是指参与者在最大化各自支付时所选取的策略。这一点与每个参与者随便选取一个策略所形成的许多可能策略组合是不同的。博弈论中所理解的均衡与在经济学的其他领域中所理解的均衡不同。例如在一般均衡模型中，均衡指由经济中每个人的最优行为所导致的一组价格。但在博弈论中，这样一组价格被称为均衡结果（eqilibrium outcome），而均衡指的是产生这个结果的策略组合，即每个人如何买卖的规则。

2.4.3 复杂系统理论

系统的观念渗透到社会、政治、经济和技术的各个领域，系统的观点和方法为认识客观世界，给予我们更好的"眼力"和全新的思维方式，业已成为分析和解决问题的核心观点和方法。面对复杂多样的现实，必须从各个层面把握研究对象，必须对影响研究对象的各种因素及其相互之间的关系，进行总体的、系统的分析研究，才能从整体上和变化中找到解决问题的方案。系统思想和观点是进行分析和综合的辩证思维工具，它不仅从辩证唯物主义汲取丰富的哲学思想，也从运筹学、控制论、各门工程科学和社会科学那里获得定性和定量相结合的科学方法，现代科学技术对于系统思想的发展做出了重大贡献。并且，现代科学技术的发展要求在各种学科门类之间进行更多的相互联系和相互渗透，这是在更深刻地分析的基础上向更高一级综合发展的新要求。于是，以系统为研究对象的理论和技术应运而生。首先是以一般系统论、控制论、信息论、系统工程的诞生为标志，接着又随着耗散结构理论、协同学、超循环理论、突变论、混沌学、分形学等成就而被推向了一个发展的新阶段，并最终孕育和发展起来了一组以系统为特定研究对象的新兴交叉学科，形成了系统科学体系。

复杂系统的研究是 1999 年 4 月 2 日由美国《科学》(*Science*) 杂志出版的《复杂系统》专辑而兴起的，它的出现与复杂性问题研究有密切关系。复杂性问题的提出起源于奥地利，1928 年，贝塔朗菲在他写的《生物有机体系统》论文中首次提出复杂性的问题。在此之前的若干年，怀特海 (Alfred North Whitehead) 在他的《有机体的哲学》论文中，也提出类似的观点。此后的 20 年，在这方面做出较大贡献的有麦卡洛克 (McCulloch) 和皮茨 (Pitts) 的神经网络，冯·诺伊曼的元胞自动机和复杂性，维纳的控制论。1984 年，美国新墨西哥州洛斯阿拉莫斯国家实验室汇聚了一批著名的科学家，建立了圣菲研究所 (Senta Fe Institute，简称 SFI)。从 20 世纪 90 年代开始，SFI 致力于复杂性科学的研究工作。目前中国已经有一些单位专门组织力量，对复杂系统进行探索。例如，中国科学院下设的复杂系统工程学开放研究实验室，进行复杂系统建模理论与方法论的研究。上海大学系统分析与集成专业，以复杂系统为对象开展研究。复旦大学智能信息处理开放实验室，以复杂系统的信息处理为核心研究内容，积极地进行探索。复杂系统和简单系统的主要区别是什么？就是高阶次、多回路、非线性、多时标、层次性、开放性、不确定性、病态结构等。

2.4.3.1 复杂系统的特征

人们每时每刻都处在或能接触许许多多的复杂系统，如蚁群、生态系统、胚胎、神经网络、人体免疫系统、计算机网络和全球经济系统。所有这些系统中，众多独立的要素在许多方面进行着相互作用。这些无穷无尽的相互作用使每个复杂系统作为一个整体产生了自发性的组织，这些组织的主体不断地学习或积累经验，并根据学到的经验不断变换其规则、改变自身的结构和行为方式，从而体现了主体不断适应环境变化的能力。整个宏观系统的演变或进化，包括新层次的产生、分化和多样性的出现以及新的、聚合而成的、更大的主体的出现等，都是在这个基础上逐步派生出来的。复杂系统中的主体在与环境的交互作用中遵循一般的刺激-反应模式，任何主体在适应上所做的努力就是要去适应别的适应性主体。这个特征是复杂适应系统生成复杂动态模式的主要根源。尽管在不同领域中存在着众多的复杂系统，但随着人们对复杂适应系统的认识不断深化，可以发现它们都有四个方面的主要特征。

（1）基于适应性主体。

适应性主体具有感知和效应的能力，自身有目的性、主动性和积极的"活性"，能够与环境及其他主体随机进行交互作用，自动调整自身状态以适应环境，或与其他主体进行合作或竞争，争取最大的生存和延续自身的利益。但它不是全知全能的或是永远不会犯错失败的，错误的预期和判断将导致它趋向消亡。因此，也正是主体的适应性造就了纷繁复杂的系统复杂性。

（2）共同演化。

适应性主体从所得到的正反馈中加强它的存在，也给其延续带来了变化自己的机会，它可以从一种多样性统一形式转变为另一种多样性统一形式，这个具体过程就是主体的演化。但适应性主体不只是演化，而且是共同演化。共同演化产生了无数能够完美地相互适应并能够适应于其生存环境的适应性主体，就像花朵靠蜜蜂的帮助来受精繁殖、蜜蜂靠花蜜来维持生命。共同演化是任何复杂适应系统突变和自组织的强大力量，并且共同演化永远趋向混沌的边缘。

（3）趋向混沌的边缘。

复杂系统具有将秩序和混沌融入某种特殊的平衡的能力，它的平衡点就是混沌的边缘，即一个系统中的各种要素从来没有静止在某一个状态中，但也没有动荡到会解体的地步。一方面，每个适应性主体为了有利于自己的存在和连续，都会稍稍加强一些与对手的相互配合，这样就能很好地根据其他主体的行动来调整自己，从而使整个系统在共同演化中向着混沌的边缘发展；另一方面，混沌的边缘远远不止是简单地介于完全有秩序的系统与完全无秩序的系统之间的区界，而是自我发展地进入特殊区界。

（4）涌现现象。

产生涌现现象最为本质的特征是由小到大、由简入繁。沃尔德罗普认为："复杂的行为并非出自复杂的基本结构，极为有趣的复杂行为是从极为简单的元素群中涌现出来的。生物体在共同进化过程中既合作又竞争，从而形成了协调精密的生态系统；原子通过形成相互间的化学键而寻找最小的能量形式，从而形成分子这个众所周知的涌现结构；人类通过相互间的买卖和贸易来满足自己的物质需要，从而创建了市场这个无处不见的涌现结构。"涌现现象产生的根源是适应性主体在某种或多种毫不相关的简单规则的支配下的相互作用。主体间的相互作用是主体适应规则的表现，这种相互作用具有耦合性的前后关联，而且更多地充满了非线性作用，使得涌现的整体行为比各部分行为的总和更为复杂。在涌现生成过程中，尽管规律本身不会改变，然而规律所决定的事物却会变化，因而会存在大量的不断生成的结构和模式。这些永恒新奇的结构和模式，不仅具有动态性还具有层次性，涌现能够在所生成的既有结构的基础上再生成具有更多组织层次的生成结构。也就是说，一种相对简单的涌现可以生成更高层次的涌现，涌现是复杂适应系统层级结构间整体宏观的动态现象。

2.4.3.2　系统分析的内容

系统分析是从系统的最优出发，在选定系统目标和准则的基础上，分析构成系统的各级子系统的功能和相互关系，以及系统同环境的相互作用；运用科学的分析工具和方法，对系统的目的、功能、环境、费用和效益等进行充分的调研、收集、比较、分析和数据处理，并建立若干替代方案和必要的模型，进行系统仿真试验；把试验、分析、计算的各种结果同早先制订的计划进行比较和评价，寻求对系统整体效益最佳和有限资源配备最佳的方案，为决策者最后的判断提供科学依据和信息。系统分析最主要的作用是向决策者提供达到目的的各种途径，就像一面镜子将各种行动方案的效益、成本等各方面的后果显示出来，为决策、判断提供依据。系统分析也是确立方案、建立系统必不可少的一环。系统分析在整个系统的建立过程中处于非常重要的地位。它的任务首先是要分析和确定系统规划阶段的有关项目，例如，系统概念的定义、分析和确定，以及对系统目标进行分析和确定。在此基础上对概略设计中的替代方案进行分析，并根据分析结果确定方案和进行详细设计。因此，系统分析起到承前启后的作用，特别是当系统中存在着不确定因素或相互矛盾因素时，更需要进行系统设计，只有这样，才能保证获得最优的系统设计方案。

系统的形成与完善是一个渐进过程，系统分析的主要内容有：

（1）系统目标。系统目标应是一个多目标体系，确定目标结构时，也应确定出目标的重要度顺序。系统的目标既是建立系统的依据，又是系统分析的出发点。只有正确地把握和理解系统的目标和要求，才能为进一步的分析奠定基础，才能使所建系统达到预期的目的。因此，系统目标的确定也是一个非常重要的环节，它是建立系统或改进系统过程中难度最大的一个步骤。目标不明确，系统分析就无从着手。由于系统的特性，决定了系统目标的多元性和层次性，这就增加了系统目标确定的困难程度。

（2）可替代方案。可替代方案是系统方案优选的前提，没有一定数量、质量的可替代方案，就没有系统的优化。在分析阶段，可以制订若干已经达到目标和要求的系统可替代方案以供分析比较，实现进一步改善的目的。

（3）系统模型。建立相应的系统模型，以供预测、分析和完善系统功能的使用，并作为系统组织和技术设计的依据。系统的模型种类很多，其中有实物模型、数学模型、图解模型、模拟模型，也有价值流模型。

（4）评价标准。评价标准是确定各个可替代方案优选顺序的评价依据，一般由评价准则和评价指标构成，评价准则有一定的通用性，其下属的评价指标一般根据不同系统的具体情况而定。评价指标一般要求指标的内涵明确、相互独立、可计量和具有适当的灵敏度。在定性指标和定量指标兼有的情况下，一是要将定性指标量化；二是要将定性指标与定量指标同量纲化，并使之具有可比性。

（5）方案的完善。通过方案评价优选方案时，往往会发现落选方案中仍有一些获选方案所没有的可用优点，获选方案中也有一些不足或待完善之处，所以应提出修改完善的建议。

复杂系统理论是系统科学中的一个前沿方向。它强调数学理论与计算机科学的结合，原胞自动机、人工生命、人工神经元网络、遗传算法等都可看作是它的虚拟实验手段。虽然复杂系统理论目前还在发展的初级阶段，但是可能会给系统科学带来一场深刻的变革。

2.4.4 循环经济理论

循环经济的思想萌芽可以追溯到 20 世纪 60 年代环境保护的兴起。1962年，美国生态学家卡尔逊发表了《寂静的春天》，指出生物界以及人类所面临的危险。"循环经济"一词，首先由美国经济学家 K·波尔丁提出，主要指在人、自然资源和科学技术的大系统内，在资源投入、企业生产、产品消费及其废弃的全过程中，把传统的依赖资源消耗的线性增长经济，转变为依靠生态型资源循环来发展的经济。循环经济要求按照生态规律和经济规律安排经济活动，以尽可能少的资源消耗、尽可能小的环境代价实现最大的发展效益，并表现为企业乃至产业间的物料、能量和信息等的联系和共享关系，对传统工业化"大胆开采、大量消费、大量废弃"的发展模式做出了根本变革。作为一种新的发展理念、发展模式和经济形态，循环经济要求人们在社会经济中自觉遵循并应用生态规律，通过资源的高效和循环利用，实现污染的低排放甚至零排放，实现经济发展和环境保护的"双赢"。循环经济把清洁生产和废弃物的综合利用结合起来，既要求在经济体系内进行物质的多次重复利用，尽量减少对自然资源的消耗；又要求经济体系排放到环境中的废物可以被大自然吸收净化，即实现工业循环和自然循环的统一。循环经济要求企业实现"最佳生产，最适消费，最少废弃"，强化产品的使用而不是物质的消耗，从而达到资源的持久使用和集约使用两大目的。

2.4.4.1 循环经济的内涵

循环经济（circular economy）是对物质闭环流动型（closing materials cycle）经济的简称。它是以物质、能量梯次和闭路循环使用为特征的、以"资源→产品→再生资源"为主的物质流动经济模式。它减少了对资源的大规模开采和消耗，改变了可持续发展的单向流动方式，既促进了经济的发展，又使得资源得到了节约，环境得到了保护，贯彻着"绿水青山就是金山银山"的理念。正是因为始终秉持着循环经济的目标，从而使得产品没有好坏之分，更不再称其为废物。因为对一个企业来说可能是无用的废品，但对另外的企业来说可能转化为可利用的资源。例如，新能源汽车报废的铁锂电池，是当下短缺的锂的很好的再生材料；人们在生活中丢弃的各种塑料瓶，对于化工企业却成为了非常重要的原料之一；机械在加工过程中所产生的部分废料，对于炼钢厂等企业来说却是极好的资源。

2.4.4.2 循环经济的原则

循环经济的主要原则包括：减量化（reduce）、再利用（reuse）以及再循环（recycle）。这就是著名的3R原则。在实施循环经济的过程中，既要节约资源，减少废弃物的产生，又要回收可利用废物，实现资源的循环往复。通过循环经济，资源得到最充分、最合理的利用，同时将经济发展过程中对环境的污染程度降到最低。"减量化、再利用、再循环"三原则在经济的可持续发展、资源的循环使用中起着至关重要的作用。

2.4.4.3 循环经济与可持续发展

发展循环经济是实现可持续发展的一个重要途径和方式，是保护现有生态环境、节约资源和减少污染的根本手段。

（1）发展循环经济可以解决现有经济形态的可持续问题。

发展循环经济，主要体现"减量化、再利用、再循环"（3R）的社会经济活动的行为准则。循环经济要求把经济活动组织成为"资源—产品—再生资源"的封闭式流程，所有的原料和能源要能在不断进行的经济循环中得到合理利用，从而把经济活动对自然环境的影响控制在尽可能小的程度。从系统的角度来思考，循环经济要求经济的增长必须以集中资源、消除多余、强调效率、力争效益来实现。因此，集约型增长的循环经济是可持续发展的必要条件，它可以高效率地利用自然资源，尽最大努力延缓资源枯竭、生态恶化和"人口爆炸"所带来的日益临近的人类危机。在维持人类现有文明的可持续方面，循环经济对可持续发展的贡献巨大。循环经济是保护日益稀缺的资源和生态环境、提高资源配置效率的根本手段，是实现经济社会可持续发展的重要途径和方式。

（2）发展循环经济推动经济和社会的不断发展。

循环经济不但要维持现有经济形态的可持续问题，而且更重要的是它还要推动经济和社会的不断发展。要做到这一点，必须要有知识的再投入，即知识经济的再投入才可以推动现有的经济循环向高一级循环跃迁。因此，循环经济必须建立在知识经济的基础之上，以维持持续和发展的双重要求。循环经济既借助知识经济解决低层次的可持续问题，又借助知识经济的再投入实现更高层次的发展问题。循环经济和知识经济的不断交替融合，将可持续发展一步步推向更高级的阶段。循环经济建立在知识经济基础之上，以生态经济的约束为边界条件，是目前人类社会可以看到的实现文明社会可持续发展的最佳选择之一。

第3章　钢铁产业集中度分析

供给侧结构性改革以来，钢铁去产能被反复强调，钢铁行业面临着新的变化和挑战。钢铁行业兼并、重组持续推进，产业结构不断优化，钢铁行业的集中度有所提高，许多钢铁企业的资产负债、利润也得到了改善与提高。钢铁产业发展必须摒弃以量取胜的粗放型发展模式，转向高质量、高技术的绿色发展模式。

3.1　国内外钢铁产业发展现状

钢铁产业是全球经济发展的重心，也是现代社会持续发展的核心。钢铁产业是密集型能源产业，面临着诸多环境方面的挑战。鉴于全球生态系统面临越来越大的压力，钢铁作为一种多用途的材料，不仅本身具有可循环再利用的特点，而且钢铁制造过程中产生的余能也可转化成宝贵的资源，钢铁行业在保障和维持未来可持续发展方面将发挥不可估量的作用。

3.1.1　世界钢铁产业概况

稳健的、健康的钢铁工业对世界经济的重要性是不言而喻的。世界各国足够重视钢铁行业的作用，在制定影响钢铁行业的产业政策时，应让钢铁行业积极参与其中。表3-1为2000—2020年世界粗钢产量的统计数据（数据来源：国际统计年鉴2021）。

表3-1　2000—2020年世界粗钢产量

年份	产量/百万吨	人均/kg	年份	产量/百万吨	人均/kg	年份	产量/百万吨	人均/kg
2000	850	134.6	2007	1 350	200.4	2014	1 674	233.7
2001	852	135.6	2008	1 345	198.4	2015	1 623	208.1

表3-1(续)

年份	产量 /百万吨	人均 /kg	年份	产量 /百万吨	人均 /kg	年份	产量 /百万吨	人均 /kg
2002	905	142.9	2009	1 241	183.5	2016	1 632	222.7
2003	971	151.4	2010	1 435	208.0	2017	1 735	212.3
2004	1 063	165.0	2011	1 540	218.4	2018	1 826	224.2
2005	1 148	174.8	2012	1 562	221.9	2019	1 874	229.0
2006	1 250	189.3	2013	1 652	219.3	2020	1 878	227.5

以粗钢为例,其年产量的绝对值在逐年上升。从图3-1可更加清晰地看到钢铁产量的变化率,从趋势线上看到钢铁产量逐年增加的趋势非常明显。钢铁这种基础工业材料,受全球汽车制造业、建筑业急剧发展的影响,钢铁行业的市场规模在全球不断壮大,人均消费量呈增长态势。从图3-2中可以看到,2016—2020年全球钢铁消费量出现逐年增长。尽管受新冠肺炎疫情的影响,到2020年年底钢铁需求出现微量收缩,但可以预见的是,随着日益增长的市场需求,必然带动钢铁企业扩大产能并提高生产效率[7]。

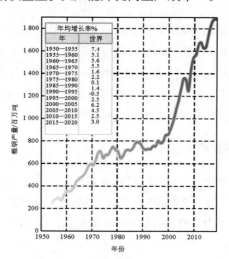

图3-1 粗钢产量年增长趋势

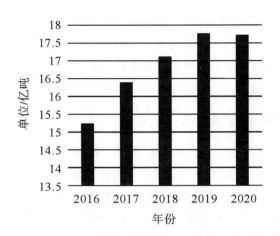

图 3-2　2016—2020 年全球钢铁表观消费量（成品钢）

　　全球钢铁工业的大部分产能主要集中在中国、日本、美国、印度、俄罗斯、韩国以及欧盟。2021 年，中国钢铁产量仍雄居全球第一，达 10.64 亿吨，占全球钢铁总产量的 56.7%；其次为印度，产量达 1 亿吨，占全球钢铁总产量的 5.3%；日本位居第三，产量为 0.83 亿吨，占全球钢铁总产量的 4.4%（见图 3-3）。

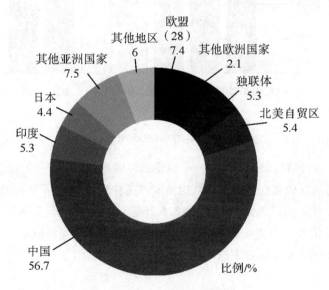

图 3-3　2021 年全球钢铁产量分布

　　中国钢铁产量近几年一直排名第一位，粗钢产量排名前十的企业中，中国的企业多达七家；产量排名前五十的企业中，中国钢企占据了一半江山[8]。中国的钢铁已经建立了完善的产业体系，其产业链覆盖面非常广泛。中国钢铁对全球钢铁行业乃至全球经济都有着举足轻重的影响，特别是在 2020 年经受住了新冠肺炎疫情的冲击，中国钢铁行业渐渐恢复常态，缓解了全球钢铁行业的供需压力，助力全球经济恢复正常。

3.1.2　国内钢铁产业概况

我国钢铁产量屡创纪录，2019 年全国生铁、粗钢和钢材产量分别为 8.09 亿吨、9.96 亿吨和 12.05 亿吨，钢铁产业链需求较好，下游基建、房地产等行业运行平稳，国内粗钢消费量约 9.4 亿吨。如图 3-4 所示，2014—2020 年的钢材产量仍然居高不下，持续增长态势不变。2019 年钢材价格总体平稳，呈窄幅波动走势；铁矿石进口多达 10.7 亿吨，但进口价格大幅上涨，对下游钢铁企业利润影响较大。2020 年是"十三五"收官之年，我国继续以供给侧结构性改革为主线，巩固钢铁产业去产能成效，提高钢铁生产的绿色化、智能化水平，实现钢铁行业高质量发展。

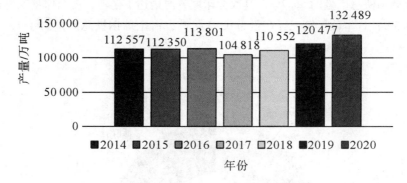

图 3-4　2014—2020 年中国钢材产量

作为中国经济发展的第三极——京津冀协同发展推动产业升级之路越走越宽。站在新的发展起点上，京津冀担负起打造中国经济发展新高地的新使命。2020 年，京津冀实现地区 GDP 总值 8.6 万亿元，其中北京、河北、天津分别为 36 102.6 亿元、36 206.9 亿元、14 083.7 亿元，区域经济稳步回升并逐步向好[9]。2014—2020 年区域钢铁产量见表 3-2。

表 3-2　2014—2020 年区域钢铁产量　　　　　单位：万吨

年份	北京	天津	河北	山西	辽宁
2020	184.42	5 724.05	31 320.12	6 181.45	7 578.40
2019	170.70	5 455.00	28 409.60	5 594.20	7 254.40
2018	179.88	4 733.84	26 908.70	4 903.30	6 899.10
2017	178.99	4 373.97	24 551.10	4 335.40	6 393.00
2016	162.80	8 667.05	26 150.40	4 279.00	5 906.30
2015	175.00	8 186.16	25 245.30	4 267.30	6 321.60
2014	195.00	7 303.92	23 995.20	4 701.00	6 946.00

从图 3-5 的数据可知，河北钢铁产业一家独大，产量上压倒性的优势逼迫天津钢铁产业必须走差异化发展道路，走错位发展的道路，走质量制胜的发展道路。

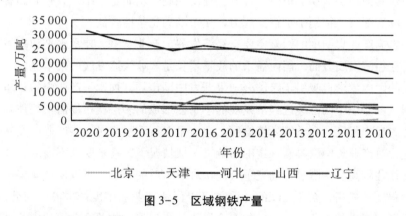

图 3-5　区域钢铁产量

3.2　产业集中度理论概述

伴随着我国经济的高速发展，钢铁产业在粗放式发展进程中产量增长迅猛。钢铁行业的产业组织集成化、社会化、专业化水平不高，引领行业发展的大型企业过少，致使行业内重复建设、恶性竞争等问题层出不穷。出于中国经济供给侧结构转型的需要，钢铁行业愈发要以规模经济效益为准绳，提升行业的集中度水平。

3.2.1 产业集中度理论发展

产业集中度也叫市场集中度，是指市场上的某一行业内少数企业的生产量、销售量、资产总额等方面对该行业的支配程度。它一般是用几家企业的某一指标，大多数情况下用销售额指标占该行业总量的百分比来表示。一个企业市场集中度的大小表明了它在市场上的地位高低和对市场支配能力的强弱，是企业形象的重要标志。

产业集中通常是指在社会生产过程中企业规模扩大的过程。它表现为全部企业中仅占很小比例的企业或数量很少的企业，积聚或支配着占很大比例的生产要素。产业集中是以某个具体的产业为考察对象，反映产业内资源在不同企业间分布的状况。产业集中度是针对特定产业而言的集中度，是用于衡量产业竞争性和垄断性的最常用指标。传统产业组织理论以产业集中度作为反映市场竞争程度高低的最重要的指标。它的基本逻辑是：较高的集中度表明更多的销售额或其他经济活动被很少一部分企业所控制，从而这一小部分企业拥有相当的市场支配力，特别是价格支配力，使市场的竞争性较低。

影响产业集中度的因素主要有经济发展、产业竞争、技术水平和政策环境等。在经济发展方面，国内需求的放量增长是产业快速发展的根本原因。中国巨大的国内需求也吸引了跨国公司来开发中国市场，加剧了产业内的竞争。但中国城乡、东中西部地区经济发展的不平衡形成的多层次市场需求往往会削弱品牌的集中程度。在政策环境方面，政府采取行政手段对一些产业的发展进行调整，对产业集中度具有一定的影响。一般情况下，技术要求不高的行业，集中度往往较高。激烈的市场竞争会淘汰许多落后的企业，可以使产业集中度有一定程度的提高，企业之间的并购也可以促使产业集中度的提高。与此同时，已经形成规模的企业投入一定的资金用于技术研发，相关企业可建立某种形式的联盟，同样可以为提高产业集中度创造条件。

亚当·斯密的"自由竞争理论"和"马歇尔冲突"是产业集中度理论研究的起点，它揭示的是规模经济和生产集中性的矛盾。经济学长期争论的一个问题就是，什么样的市场结构最有利于产业和企业的发展。理论界的研究大致有以下几种观点：

（1）集中度高的产业垄断对经济增长和技术创新有利，其代表人物为Loury（1979）、Ben-Zion &Fixler（1981）、Jadjow（1981）和Tandon（1984）。

（2）Arrow（1962）、Kamien & Sehwartz（1978）和Geroski（1990）等学者的研究成果表明产业集中度较低的竞争性市场结构对于经济发展和资源配置更加有利。

（3）中度的产业集中度对产业和企业的发展才有利。持这种观点的学者认为产业集中度太高和太低都不是最理想的状况，中度的产业集中度更有利于技术创新，其中以 Mansfield（1968）、Desai（1983）、Levin 等（1985）、Braga and willmore（1991）和 Aghion 等（2005）为代表。

（4）产业集中度和经济效率之间的关系是不确定的。Dasgupta and Stiglitz（1980）在研究中考虑了多种因素对市场结构的影响，如需求弹性、创新风险、进入壁垒等，通过分析发现产业集中度的高低对经济的影响结果并不一致，因此二者关系不确定。

不管持哪一种观点，产业集中度问题的本质是探讨市场结构，即究竟是竞争还是垄断更有利的问题。

3.2.2 产业集中度的测算指标

产业集中度包括买者集中度和卖者集中度，通常所描述的集中度是指卖者集中度。产业集中度表示的是某一市场上卖者的规模结构分布，也就是产业内企业生产集中的状况。在估算产业集中度时，常常选取行业内若干家代表最大规模企业的某种指标，来衡量某个行业的市场竞争激烈程度[10]。产业集中度越高，表示在行业中这些企业对市场的把控力越强，市场结构偏集中；反之亦然。

现有对产业集中度的计算指标主要有：产业集中度 CRn 指数、HHI 指数、EI 熵指数等。文中采用产业集中度 CRn 指数，计算公式如下：

$$\mathrm{CR}n = \sum_{i=1}^{n} X_i \big/ \sum_{i=1}^{N} X_i$$

式中，CRn——产业中规模最大的前 n 位企业的产业集中度；

X_i——产业中第 i 位企业的产量、产值、销售量、销售额、员工人数或资产总额等数值；

n——产业内列前 n 位的企业数，其取值根据计算结果的需要确定，通常 n =4 或 n =8；

N——产业的企业总数。

最早运用产业集中度指标来对产业的竞争垄断水平进行分类研究的是贝恩。他根据行业内前四位和前八位企业的产业集中度指标，将集中类型分为 6 个等级。依照贝恩的划分，若 CR4＜30%，则此行业为竞争型；如果 CR4≥30%，则此行业为寡占型；若 75%≤CR4＜85%，则此行业为寡占Ⅱ型；如果 CR4≥85%，则该行业为寡占Ⅰ型。由于贝恩分类法在上述过程中具有意义清晰、计算方便、可比性强等特点，这里采用贝恩分类法估计钢铁产业集中度，如表 3-3 所示。

表 3-3　钢铁产业绝对集中度指标衡量

市场结构	CR4 值/%	CR8 值/%
寡占Ⅰ型	85≤CR4	
寡占Ⅱ型	75≤CR4<85	85≤CR8
寡占Ⅲ型	50≤CR4<60	75≤CR8<85
寡占Ⅳ型	35≤CR4<50	45≤CR8<75
寡占Ⅴ型	30≤CR4<35	40≤CR8<45
竞争型	CR4<30	CR8<40

3.3　国外钢铁产业集中度分析

钢铁行业中企业数量越少，单个企业规模越大，钢铁产业的集中度就越高，整个产业的对外话语权就相应提高，产业的竞争力就相对增强。下面概括说明日本和美国钢铁产业集中度的发展变化：

3.3.1　日本钢铁产业集中度的演化过程

1993—1995 年，日本的粗钢产量位居世界第一；1996—2017 年，日本的粗钢产量仅次于中国，排名世界第二；2018 年，日本被印度超越成为世界第三大钢铁生产国，但其钢铁产品的综合竞争力在国际市场仍然是最高的。

表 3-4　日本 2000—2018 年粗钢产量和产业集中度

年份	粗钢产量/万吨	增长率/%	CR1/%	CR2/%	CR3/%	CR4/%
2000	10 644.4	13.024 3	27.31	46.63	58.85	69.79
2001	10 286.6	-3.361 4	26.34	45.99	58.95	70.32
2002	10 774.5	4.743 1	28.64	43.98	56.72	67.68
2003	11 051.1	2.567 2	28.32	55.65	67.23	73.84
2004	11 271.8	1.997 1	27.87	55.48	66.42	73.23

表3-4(续)

年份	粗钢产量 /万吨	增长率 /%	CR1/%	CR2/%	CR3/%	CR4/%
2005	11 247.1	−0.219 1	29.26	55.55	67.54	74.41
2006	11 622.6	3.338 6	29.00	56.38	67.84	74.50
2007	12 020.3	3.421 8	28.70	56.82	68.05	74.77
2008	11 873.9	−1.217 9	31.06	59.53	71.22	78.05
2009	8 753.4	−26.280 3	31.54	61.56	73.91	80.70
2010	10 959.9	25.207 3	32.97	62.77	74.73	81.67
2011	10 760.1	−1.823 0	33.59	62.83	74.82	81.90
2012	10 720.0	−0.372 7	42.94	73.30	79.84	83.32
2013	11 059.5	0.031 7	45.33	73.50	80.31	83.65
2014	11 066.6	0.000 6	44.55	72.93	79.77	83.45
2015	10 513.4	−0.050 0	44.11	72.48	79.63	83.26
2016	10 480.0	−0.003 2	50.66	74.72	81.65	85.08
2017	10 470.0	−0.001 0	45.23	74.03	81.42	82.34
2018	10 430.0	−0.003 8	47.19	75.14	82.34	85.92

注：资料来源：Comparative Study on Industrial Concentration Degree of China, Japan, USA, Korea Steel Industry.

从表3-4中的粗钢产量和产业集中度数据来看，2000—2018年，日本粗钢产量基本保持在1.1亿吨，产业集中度持续温和上升。新日铁集团（现更名为新日本制铁）在粗钢方面排名第一，一直是世界领先的钢铁企业。2002年5月，日本第二大钢铁公司日本钢管与日本川崎钢铁（第三大钢铁公司）合并成JFE集团，2003年，JFE集团的重组和成立，极大地提高了产业集中度的指标CR2、CR3和CR4。

日本异常缺乏自然资源，钢材市场相对较小，铁矿石和焦炭炼钢所需的钢材也需要从国外进口，其钢铁企业是以沿海港口布局为主，方便原料进口、原材料及钢材成品出口。能源价格上涨使日本采取技术节能措施来消除落后的生产能力，以维持钢铁行业的竞争力。自然灾害的频发与发达的制造业，使得日本投入大量资金来提高建筑材料和钢铁产品的质量，日本已经意识到要通过改进产品质量和附加价值来发展钢铁产业，而不是通过扩大产能。

3.3.2 美国钢铁产业集中度的演化过程

美国是全球第四大钢铁生产国。2015年印度在钢铁产量上首超美国，成为世界第二大钢铁生产国。2018年，美国粗钢产量高达8 660万吨。

从表3-5中的数据来看，美国粗钢产量基本保持在8 000万吨的水平。产业集中度方面，过去十年CR1—CR4保持温和增长，但趋势放缓。排名前两位的钢铁企业（美国钢铁和纽科钢铁）粗钢产量一直在稳步增长，2008年受到全球金融危机的影响，产量剧烈下降，但在2010年之后立即开始进入强劲复苏的道路并已基本恢复到金融危机前的水平，粗钢产量在过去的十年里几乎翻了一番，这使得美国钢铁工业的CR1和CR2继续上升。2011年以后，美国钢铁（U.S. steel）的产量开始下降，而纽科钢铁公司（Newco steel）的产量却在增加。2014年，纽科钢铁公司通过一系列的合并和收购，成为美国最大的钢铁集团。

表3-5　美国2000—2018年粗钢产量和产业集中度

年份	粗钢产量/万吨	增长率/%	CR1/%	CR2/%	CR3/%	CR4/%
2000	10 180.3	5.988 5	10.49	20.53	29.46	36.73
2001	9 010.4	−11.491 8	14.24	26.64	35.48	42.12
2002	9 158.7	1.645 9	15.78	29.27	38.14	44.08
2003	9 367.7	2.282 0	19.11	35.97	47.29	53.03
2004	9 968.1	6.409 3	20.90	38.86	44.48	47.64
2005	9 489.7	−4.799 3	20.30	39.74	45.68	49.13
2006	9 855.7	3.856 8	21.56	42.17	47.90	52.22
2007	9 810.2	−0.461 7	20.94	41.37	47.36	52.41
2008	9 135.0	−6.882 6	25.42	45.34	51.82	56.57
2009	5 819.6	−36.293 4	26.17	47.96	54.33	59.87
2010	8 049.5	38.317 1	27.65	48.23	54.61	60.15
2011	8 639.8	7.333 4	25.76	44.93	50.87	55.81
2012	8 870.0	2.664 4	24.18	44.49	50.00	55.35
2013	8 687.8	−0.020 5	23.46	44.24	50.08	55.59
2014	8 817.4	0.014 7	24.28	46.66	53.41	58.56

表3-5（续）

年份	粗钢产量/万吨	增长率/%	CR1/%	CR2/%	CR3/%	CR4/%
2015	7 884.5	−0.105 8	24.88	43.30	51.13	56.38
2016	7 850.0	−0.004 4	24.59	42.71	53.69	60.69
2017	8 160.0	0.039 5	29.89	47.57	57.71	64.66
2018	8 660.0	0.061 3	29.43	47.18	57.48	64.20

注：资料来源：Comparative Study on Industrial Concentration Degree of China, Japan, USA, Korea Steel Industry.

3.3.3 韩国钢铁产业集中度的演化过程

20世纪70年代开始，在政府强有力的政策支持下，韩国钢铁产业走上了快速发展的道路。2006年之前，韩国的粗钢产量排名第五。2007年，韩国被印度超越，跌至第六位。在2018年，韩国粗钢产量再次排名世界第五。

表3-6　韩国2000—2018年粗钢产量和产业集中度

年份	粗钢产量/万吨	增长率/%	CR1/%	CR2/%	CR3/%	CR4/%
2000	4 310.7	5.036 5	66.07	79.96	85.48	88.45
2001	4 385.2	1.728 3	65.22	80.43	86.40	89.41
2002	4 539.0	3.507 3	63.58	79.73	85.79	88.76
2003	4 631.0	2.026 9	62.41	77.95	84.11	87.15
2004	4 752.1	2.615 0	65.34	82.01	88.26	91.26
2005	4 782.0	0.629 2	65.70	82.79	88.52	91.41
2006	4 845.5	1.327 9	64.39	82.80	88.72	91.59
2007	5 151.7	6.319 3	63.63	82.98	88.67	91.39
2008	5 362.5	4.091 9	64.71	83.10	88.41	90.98
2009	4 857.2	−9.442 8	60.80	78.19	84.31	87.21
2010	5 836.3	20.157 7	57.78	79.90	84.88	87.08
2011	6 851.9	17.401 4	49.21	68.05	72.17	86.18
2012	6 910.0	0.847 9	54.97	79.65	84.45	87.28

表3-6(续)

年份	粗钢产量/万吨	增长率/%	CR1/%	CR2/%	CR3/%	CR4/%
2013	6 606.1	-0.044 0	58.15	84.35	89.39	90.37
2014	7 154.3	0.037 0	58.14	86.90	91.14	94.56
2015	6 967.0	-0.026 2	60.25	89.65	94.41	98.48
2016	6 860.0	-0.015 4	60.93	89.88	94.68	98.57
2017	7 100.0	0.035 0	59.42	89.32	94.58	98.80
2018	7 250.0	0.021 1	59.12	89.30	94.26	98.17

注：资料来源：Comparative Study on Industrial Concentration Degree of China, Japan, USA, Korea Steel Industry.

从表3-6中的粗钢产量和产业集中度数据来看，2000—2012年，韩国粗钢产量一直保持着增长势头（2009年除外）。在2018年前的5年里，韩国的钢铁生产经历了负增长，2013年为-0.04%，2015年为-0.03%，2016年为-0.02%。2018年粗钢产量达到近19年来的最高水平，粗钢的年平均产量从2000年的4 310.7万吨增加到2018年的7 250.0万吨。钢铁产业集中度从2000年到2011年一直在缓慢下滑，并从2012年到2018年开始回升。韩国的钢铁产业集中度一直居高不下，领先于其他主要钢铁生产国，这是因为韩国为了确保浦项制铁的发展，政府制定了相关政策来保证它的垄断地位。

3.4　京津冀钢铁产业集中度分析

2014年，李克强总理在政府工作报告中提出"京津冀一体化"的方案，旨在加强环渤海和京津冀地区经济的协作，在京津冀协同发展的过程中优势互补。作为区域经济一体化发展的样板，考量天津市钢铁产业集中度时也需从"京津冀一体化"的大视角出发，寻找影响产业发展的消极因素，为天津钢铁行业未来的发展提供指导与参照。

这里选取CR4和CR8作为钢铁产业集中度的计算指标，数据源自"我的钢铁网"和历年发布的《国民经济和社会发展统计公报》[11]，查找到产量排名前四位和前八位的企业，依照公式计算CR4和CR8的值，结果见表3-7。

表 3-7 2008—2017 年京津冀钢铁产业集中度指标数据

年份	粗钢产量前八位企业	粗钢产量 /万吨	年度粗钢 产量/万吨	CR_4/%	CR_8/%
2008	河钢集团有限公司	3 457.82	13 762.38	52.36	66.15
	首钢集团	1 787.21			
	河北新武安钢铁集团	1 306.88			
	北京建龙重工集团有限公司	654.25			
	唐山国丰钢铁有限公司	613.41			
	天津天铁冶金集团有限公司	444.86			
	河北津西钢铁集团	437.78			
	天津天钢集团有限公司	401.04			
2009	河钢集团有限公司	4 968.91	16 425.27	57.39	72.48
	首钢集团	1 947.81			
	河北新武安钢铁集团	1 671.07			
	北京建龙重工集团有限公司	838.21			
	唐山国丰钢铁有限公司	758.03			
	河北津西钢铁集团	683.31			
	天津天铁冶金集团有限公司	554.56			
	河北纵横钢铁集团有限公司	483.5			
2010	河钢集团有限公司	5 286	17 048.41	67.31	86.00
	首钢集团	2 584.05			
	河北新武安钢铁集团	1 859.48			
	渤海钢铁集团有限公司	1 745.46			
	北京建龙重工集团有限公司	1 007.27			
	河北津西钢铁集团	824.74			
	唐山国丰钢铁有限公司	749.22			
	河北纵横钢铁集团有限公司	606.15			

表3-7(续)

年份	粗钢产量前八位企业	粗钢产量/万吨	年度粗钢产量/万吨	CR$_4$/%	CR$_8$/%
2011	河钢集团有限公司	7 113.45	18 749.34	72.34	91.03
	首钢集团	3 003.59			
	渤海钢铁集团有限公司	1 919.36			
	河北新武安钢铁集团	1 527.32			
	北京建龙重工集团有限公司	1 235.69			
	河北纵横钢铁集团有限公司	864.87			
	唐山国丰钢铁有限公司	821.39			
	河北敬业集团	582.71			
2012	河钢集团有限公司	6 922.76	20 175.25	65.29	83.80
	首钢集团	3 141.78			
	渤海钢铁集团有限公司	1 731.72			
	北京建龙重工集团有限公司	1 376.41			
	河北新武安钢铁集团	1 287.04			
	河北纵横钢铁集团有限公司	910.52			
	河北津西钢铁集团	807.16			
	唐山国丰钢铁有限公司	798.06			
2013	河钢集团有限公司	4 578.64	21 141.43	52.72	72.70
	首钢集团	3 152.33			
	渤海钢铁集团有限公司	1 932.64			
	河北新武安钢铁集团	1 481.13			
	北京建龙重工集团有限公司	1 429.51			
	河北纵横钢铁集团有限公司	1 019.27			
	河北敬业集团	969.28			
	唐山国丰钢铁有限公司	806.02			

表3-7(续)

年份	粗钢产量前八位企业	粗钢产量/万吨	年度粗钢产量/万吨	CR_4/%	CR_8/%
2014	河钢集团有限公司	4 709.44	20 819.53	53.60	74.21
	首钢集团	3 077.65			
	渤海钢铁集团有限公司	1 845.63			
	北京建龙重工集团有限公司	1 525.55			
	河北新武安钢铁集团	1 366.98			
	河北敬业集团	1 054.04			
	河北纵横钢铁集团有限公司	1 031.81			
	唐山国丰钢铁有限公司	840.01			
2015	河钢集团有限公司	4 774.54	20 902.4	51.53	72.31
	首钢集团	2 855.25			
	渤海钢铁集团有限公司	1 626.9			
	北京建龙重工集团有限公司	1 514.12			
	河北新武安钢铁集团	1 346.14			
	河北敬业集团	1 131.66			
	河北纵横钢铁集团有限公司	1 038			
	唐山国丰钢铁有限公司	829.16			
2016	河钢集团有限公司	4 491.89	21 058.9	48.36	65.97
	首钢集团	2 679.66			
	北京建龙重工集团有限公司	1 645.37			
	河北新武安钢铁集团	1 366.87			
	河北敬业集团	1 101.26			
	河北纵横钢铁集团有限公司	1 023.19			
	河北津西钢铁集团	893.51			
	唐山国丰钢铁有限公司	689.79			

表3-7(续)

年份	粗钢产量前八位企业	粗钢产量/万吨	年度粗钢产量/万吨	CR_4/%	CR_8/%
2017	河钢集团有限公司	4 406.29	20 934.02	50.53	67.75
	首钢集团	2 762.9			
	北京建龙重工集团有限公司	2 026.13			
	河北新武安钢铁集团	1 382.45			
	河北敬业集团	1 040.61			
	河北津西钢铁集团	979.62			
	河北纵横钢铁集团有限公司	871.95			
	天津天钢集团有限公司	712.51			

从年度产量上来看，京津冀区域的粗钢产量呈逐年增加的趋势，如图3-6所示。在2008—2014年增加趋势明显，在2015年之后受到去产能和限产等政策的影响，粗钢产量有小幅下降。北京作为首都，从2016年之后国家对其的定位发生变化，加之环保的要求，钢铁产业已经淡出，2008—2017年各年度的CR4和CR8指标的发展变化如图3-7所示。2008—2011年京津冀区域钢铁产业CR4和CR8指标逐年上升[12]，2011年CR4和CR8指标分别为72.34%和91.03%，达到近十年的峰值；2011—2013年CR4和CR8指标呈逐年下降趋势；2013—2017年CR4指标趋于平稳，均值为51.35%，CR8指标在小幅下降后趋于平稳，均值为70.19%。与世界其他主要钢铁生产国的产业集中度相比，京津冀区域钢铁产业集中度水平仍有待提高。

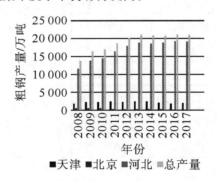

图3-6　2008—2017年京津冀粗钢产量变化

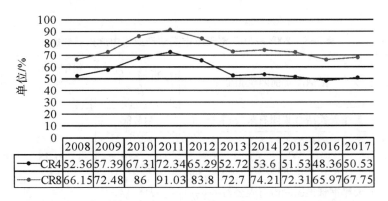

	2008	2009	2010	2011	2012	2013	2014	2015	2016	2017
CR4	52.36	57.39	67.31	72.34	65.29	52.72	53.6	51.53	48.36	50.53
CR8	66.15	72.48	86	91.03	83.8	72.7	74.21	72.31	65.97	67.75

图 3-7 2008—2017 年京津冀钢铁行业 CR4、CR8 指标变化

在 2008—2017 年各年京津冀区域排名前十位的钢铁企业中，天津市的钢铁企业中仅有天津天钢集团有限公司位列其中，其粗钢产量占比情况如图 3-8 所示（图中数据为 0 表示没有收集该数据）。2010 年、2011 年和 2015 年，天津天钢集团有限公司的粗钢产量未能进入京津冀区域前十位，而其他年份进入前十位的天津天钢集团有限公司的粗钢产量的占比也均在 5% 以下，可知天津市钢铁企业的粗钢产量在京津冀区域中所占比重很低。

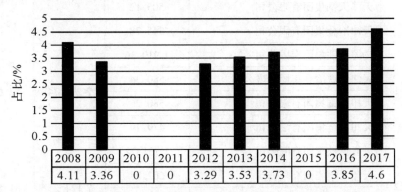

2008	2009	2010	2011	2012	2013	2014	2015	2016	2017
4.11	3.36	0	0	3.29	3.53	3.73	0	3.85	4.6

图 3-8 2008—2017 年京津冀区域天津钢铁企业粗钢产量占比情况

3.5 天津钢铁产业集中度分析

选择 2008—2017 年的数据，计算天津市钢铁产业的集中度，按照 CRn 的计算公式，计算得到 CR4（根据"我的钢铁网"历年发表的数据，整理得到

表 3-8）。

表 3-8　2008—2017 年天津市钢铁产业集中度指标数据

年份	粗钢产量前四位企业	粗钢产量/万吨	粗钢年度产量/万吨	CR_4/%
2008	天津天铁冶金集团有限公司	444.86	1 706.18	78.92
	天津天钢集团有限公司	401.04		
	天津荣程联合钢铁集团有限公司	285.3		
	天津钢管集团股份有限公司	215.37		
2009	天津天铁冶金集团有限公司	554.56	2 124.2	79.06
	天津天钢集团有限公司	429.93		
	天津荣程联合钢铁集团有限公司	392.49		
	天津钢管集团股份有限公司	302.37		
2010	渤海钢铁集团有限公司	1 745.46	2 162.11	80.68
	天津天铁冶金集团有限公司	603.17		
	天津天钢集团有限公司	505.12		
	天津冶金集团有限公司	365.78		
2011	渤海钢铁集团有限公司	1 919.36	2 295.74	83.60
	天津天铁冶金集团有限公司	580.34		
	天津天钢集团有限公司	580.26		
	天津冶金集团有限公司	479.79		
2012	渤海钢铁集团有限公司	1 731.72	2 124.25	81.54
	天津天钢集团有限公司	602.58		
	天津冶金集团有限公司	445.61		
	天津天铁冶金集团有限公司	424.34		
2013	渤海钢铁集团有限公司	1 932.64	2 289.53	90.45
	天津天铁冶金集团有限公司	593.88		
	天津天钢集团有限公司	556.52		
	天津冶金集团有限公司	365.78		

表3-8(续)

年份	粗钢产量前四位企业	粗钢产量/万吨	粗钢年度产量/万吨	CR$_4$/%
2014	渤海钢铁集团有限公司	1 845.63	2 287.13	87.69
	天津天钢集团有限公司	629.98		
	天津冶金集团有限公司	533.62		
	天津天铁冶金集团有限公司	483.41		
2015	渤海钢铁集团有限公司	1 626.9	2 068.9	87.17
	天津天钢集团有限公司	594.39		
	天津冶金集团有限公司	568.92		
	天津荣程联合钢铁集团有限公司	355.25		
2016	天津天钢集团有限公司	581.77	1 798.93	87.91
	天津冶金集团有限公司	487.83		
	天津荣程联合钢铁集团有限公司	350.7		
	天津天铁冶金集团有限公司	161.2		
2017	天津天钢集团有限公司	712.51	1 812.55	91.14
	天津冶金集团有限公司	485.41		
	天津荣程联合钢铁集团有限公司	347.5		
	天津天铁冶金集团有限公司	286.67		

从图3-9可以看到,2008—2014年天津市的粗钢产量呈上升的趋势,但是从2015年之后,粗钢产量逐年下降,应该是受到去产能化和限产量等政策的影响。产业集中度指标的CR4的变化如图3-10所示,总体上看,2008—2017年天津市钢铁产业粗钢集中度指标较高,均在75%以上。2008—2011年,天津市钢铁产业粗钢集中度指标呈逐年上升趋势,2012年略有下降后,2013—2017年在国家化解过剩产能的政策驱动下,产业集中度有较大提升,CR4均值为88.87%,达到了寡占Ⅰ型的市场结构。

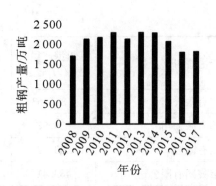

图3-9　天津市2008—2017年粗钢产量趋势图

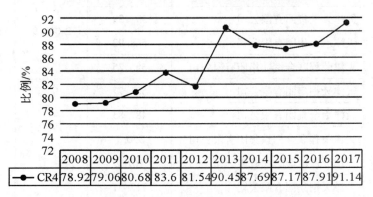

	2008	2009	2010	2011	2012	2013	2014	2015	2016	2017
CR4	78.92	79.06	80.68	83.6	81.54	90.45	87.69	87.17	87.91	91.14

图3-10　2008—2017年天津市钢铁行业CR4指标变化

3.6　天津市钢铁产业的转型发展策略

钢铁产业集中度受以下因素影响：①产业政策。产业政策是对资源流向的选择性干预，目的是为了实现地区或者国家在某个特定发展时期的阶段性发展目标或者推动产业结构向某个特定方向变化。②进入壁垒。进入壁垒是指新企业进入产业的条件，由于不同产业的生产技术和产品特性存在差异，进入壁垒也就参差不齐，由此会不同程度地影响产业集中度。进入壁垒体现为：第一，法律和政策；第二，成本控制；第三，知识产权。③技术因素。影响产业集中度和产业效果深层次的因素就是技术创新和进步。从上述分析中可得天津钢铁产业转型升级之策略：

（1）推动京津冀区域内钢铁企业的兼并重组。

从京津冀区域视角来看，天津市钢铁企业粗钢产量占比少，整个区域钢铁产业集中度仍有待提高。在国家供给侧结构性改革钢铁企业重组大背景下，渤海钢铁集团的拆分也正说明重组不应只是停留在表面和形式上，集团层次的兼并重组，重组企业间的产业整合、业务协同、文化融合更为重要。要做到真正意义上的重组，对内需充分整合企业内部资源，对外需形成有效的市场协同与竞争合力。对参与重组的钢铁企业，政府也应倾斜财政支持力度，金融、税收政策也应有相应的支持，如减免重组企业的有关税费，激励商业银行对整合重组的企业给予优惠信贷支持。

（2）挖掘钢铁产业链的需求。

天津钢铁企业面临的真实选择是，一方面要淘汰落后产能[13]，另一方面要积极转型多元化产业经营，以便在结构调整期寻求新的发展与利润增长点，以促进企业综合经济效益的提升。结合天津市工业产业环境和现实情况来看，应在钢铁主业集聚发展思路相契合的基础上，深度拓展产业链下游的增值空间，压缩产业链的长度，直接对接消费市场需求，在钢材延伸加工、节能环保、新技术、新材料、装备制造、现代物流、钢铁贸易等非钢产业尝试多元化经营发展，寻求新的效益突破口。

（3）依托"一带一路"加速钢铁企业"走出去"。

自习近平主席提出共建"一带一路"倡议以来，我国与"一带一路"沿线国家的合作步伐稳步推进，特别是在能源和基础设施建设上。这对钢铁行业有直接需求的基础设施和基础制造业是利好的，钢铁企业"走出去"获得了难得的历史性机遇。据估算，"一带一路"沿线国家中，钢材净进口国占 70% 以上，必然是钢铁企业出口的首选目标市场。结合天津国际物流港口的独特优势，天津钢铁企业要积极参与"走出去"，与此同时，政府也要研究设立专项支持，对出口企业给予各方面的扶持，还可以引入社会资本，更好地研发生产出品牌产品，扩大世界影响力，提升天津的软实力。

（4）积极迎合绿色钢铁产业链的发展道路。

2017 年京津冀地区的粗钢产量为 20 934 万吨，是钢铁企业的集聚区，京津冀环境污染严重，与钢铁产业的集聚密不可分。为有效降低污染物的排放量，要求钢铁企业改进生产工艺，依靠技术创新转型升级，这是钢铁企业在新环保法下的生存之战[14]。天津市钢铁产业的改造升级可以借助京津冀科技资源的研发力量，围绕绿色钢铁的主线推广应用可靠的、稳定的、成熟的技术装备；政府主管部门在节能降耗、能源综合利用、循环经济方面制定产业政策加以引导，积极寻求钢铁产业链的绿色发展和低碳解决方案，以便在产业链上的各方面进行深度耕耘。

第4章　钢铁产业链主体行为博弈

中国经济转型升级转向高质量发展，单位 GDP 钢材消费强度将呈下降趋势，中国钢材需求将相对减量调整。而作为国家重要的经济基础，钢铁、水泥、稀土等行业因为欠缺合理规划，多年来高速无序发展造成散乱的竞争局面，最明显的恶果就是产能过度扩张带来的行业过剩，为此国家做出了供给侧结构性改革的战略举措，钢铁产业的供给侧结构调整要用国际竞争的视角通盘设计。

4.1　钢铁产业产能过剩的动因

这些年钢铁产业在需求端明显收缩的同时，供给端却仍保持增势，钢铁产能在较短时间内集中释放，对市场产生了较大冲击。钢铁产能过剩的压力还将长期存在。供需形势的变化将加速产能整合，亟待政策和市场力量协同推动。这里，笔者引入古诺博弈模型来研究钢铁产业产能过剩的动因。

4.1.1　古诺博弈模型

古诺模型（Cournot model）是博弈论中最具有代表性的模型之一，也是纳什均衡最早的版本。它是法国经济学家古诺（Augustin Cournot）在 1938 年出版的《财富理论的数学原理研究》一书中最先提出的，古诺的定义比纳什的定义早了一百多年，足以体现博弈论这样一个学科是深深扎根于经济学的土壤中的。从经济学的角度，它的研究价值在于古诺模型是介于两种极端状况完全竞争和完全垄断之间的。

设市场为单一产品，有 n 家企业生产该产品，以 $C_i(q_i)$ 表示第 i 家企业生产 q_i 件产品所需的成本，其中 $C_i(q_i)$ 是增函数（生产产品越多，所花的成本越高）。所有的产品均以相同的价格出售，价格由市场需求与总产量确定。如果所有企业的产出总和为 Q ，那么市场价格就是 $P(Q)$ ，它被称为逆需求函数（减函数），即企业的总产出越多，市场价格就会下降。企业 i 的产出为 q_i ，那么市场价格为 $P(q_1 + q_2 + \cdots + q_n)$ ，企业 i 的收入为 $q_i P(q_1 + q_2 + \cdots + q_n)$ ，因此企业 i 的利润为

$$\pi_i = q_i P(q_1 + q_2 + \cdots + q_n) - C_i(q_i)$$

4.1.1.1 模型的纳什均衡

为便于研究，假定有 3 个企业，每个企业的成本函数为 c_i （常数，不变单位成本），逆需求函数在正数范围内是线性的，其中 $a > 0$ ，

$$P(Q) = \begin{cases} a - Q, & 若 Q \leqslant a \\ 0, & 若 Q \leqslant a \end{cases}$$

则第 i 个企业的利润为

$$\pi_i = q_i(a - q_1 - q_2 - q_3) - c_1 q_i \quad i = 1, 2, 3$$

最优化的一阶条件为

$$\begin{cases} \dfrac{\partial \pi_1}{\partial q_1} = a - 2q_1 - q_2 - q_3 - c_1 = 0 \\[2mm] \dfrac{\partial \pi_2}{\partial q_2} = a - q_1 - 2q_2 - q_3 - c_2 = 0 \\[2mm] \dfrac{\partial \pi_3}{\partial q_3} = a - q_1 - q_2 - 2q_3 - c_3 = 0 \end{cases}$$

反应函数为

$$\begin{cases} q_1^* = R(q_2, q_3) = \dfrac{a - c_1 - q_2 - q_3}{2} \\[3mm] q_2^* = R(q_1, q_3) = \dfrac{a - c_2 - q_1 - q_3}{2} \\[3mm] q_3^* = R(q_1, q_2) = \dfrac{a - c_3 - q_1 - q_2}{2} \end{cases}$$

求解得纳什均衡为

$$\begin{cases} q_1^* = \dfrac{3(a - c_1) - (a - c_2) - (a - c_3)}{4} \\[3mm] q_2^* = \dfrac{3(a - c_2) - (a - c_1) - (a - c_3)}{4} \\[3mm] q_3^* = \dfrac{3(a - c_3) - (a - c_1) - (a - c_2)}{4} \end{cases}$$

可知市场价格为

$$P(q_1 + q_2 + q_3) = a - \frac{(a-c_1)+(a-c_2)+(a-c_3)}{4}$$

4.1.1.2　市场最优的生产数量

上述得到的是 3 个企业独立决策的纳什均衡产量。下面考虑将市场作为一个整体（企业）的最优生产数量，此时市场的产量为 Q ，价格为 $P(Q) = a - Q$ ，市场利润为

$$\pi = QP(Q) - CQ = Q(a - Q) - CQ$$

其中，C 为市场成本，则此时最优产量和利润为

$$Q = \frac{a-C}{2}$$

$$\pi = QP(Q) - CQ = Q = \frac{a-C}{2}(a - \frac{a-C}{2}) - C\frac{a-C}{2}$$

$$= (\frac{a-C}{2})^2$$

4.1.1.3　博弈结果

不妨设 $c_1 < c_2 < c_3$ ，从上面计算结果可知：

（1）均衡产量 $q_1^* > q_2^* > q_3^*$ ，即成本越高，企业生产数量越少。成本是企业技术水平实力的综合表征，意味着成本优势仍然是企业的核心竞争力，企业真实利润之来源。

（2）只要 $c_2 + c_3 < a + c_1$ ，就有 $\frac{a-c_1}{2} < \frac{(a-c_1)+(a-c_2)+(a-c_3)}{4}$ ，这个条件在实际市场中是满足的，这是由于 a 是市场对产品的总需求，一般是大得多，因而 3 个企业独立决策的生产数量大于市场最优运行的生产数量，造成市场的产品增多，反而市场的整体利润下降，这也是产品过剩的原因所在。

（3）特别地，若 $c_1 = c_2 = c_3 = C$ ，各个企业的生产数量均为 $q_1^* = q_2^* = q_3^* = \frac{a-C}{4}$ ，市场最优时的产量为 $Q = \frac{a-C}{2}$ ，最后市场多生产产品的数量为 $\frac{a-C}{4}$ 。这时各个企业的利润为 $\pi_i = (\frac{a-C}{4})^2$ ，$i = 1, 2, 3$ ，市场最优时的利润为 $\pi = (\frac{a-C}{2})^2$ ，企业少获得的利润为 $\frac{(a-C)^2}{16}$ ，是利润总量的 $\frac{1}{4}$ ，造成利润显著地下降。

4.1.2 博弈结果启示

上述古诺模型是在假定博弈企业具有完全信息的基础上导出的，在这个均衡中，每个企业都可以准确猜测其他博弈方的产量，从而选择自己的最优策略。在独立决策、缺乏协调机制的钢铁企业之间，完全合作的结果并不容易实现，即使实现也往往是不稳定的。合作难以实现或维持的原因是，企业独立选择实现最大总利润的数量，不是该博弈的纳什均衡策略组合。亦即在这个策略组合下，各方都有通过独自改变（增加）自己的生产数量而得到更高的利润的冲动。在缺乏有强制作用的协议等保障手段的情况下，这种冲动注定了纳什均衡的实现，只有达到纳什均衡的数量水平时才会稳定下来。

这个博弈解释了纳什均衡-非合作博弈的结果是低效率的。在这个博弈中，如果企业数量更多，则纳什均衡策略的效率会更低。政府放任自流并不是最好的政策，个人理性和集体理性、社会理性的冲突，警示政府对市场的管理、调控和监管都是必需的。古诺博弈揭示了无法实现博弈方整体最优、同时各博弈方获得最大收益的结论，对于市场经济的组织、管理，对于产业组织和社会经济制度的效率判断，都具有非常现实的意义。

钢铁产业产能过剩还有其他原因，诸如钢铁产业 GDP 对地方政府绩效的拉动，对钢铁项目的建设投产，对 GDP 数据、财税收入、就业人数都有着举足轻重的影响，因而地方政府争相为钢铁企业护航站台。还有就是环保标准体系与监管体系不健全，钢铁行业利润来源是由产量决定的，使得部分钢铁企业通过各种办法降低产品质量提高产量，而相关部门出于地方保护主义的考虑对节能降耗、环保排放监管不严。

钢铁产业抑制过剩产能的建议：

（1）完善行业监管制度，规范行业管理。严格落实《国务院关于化解产能严重过剩矛盾的指导意见》，调整产业结构，继续淘汰钢铁行业落后产能，清理整顿违规产能，严格控制行业新增产能；提高钢铁行业产品使用标准，促进产品升级换代；完善产能过剩信息预警机制。

（2）调整产业结构，继续淘汰落后产能。加快钢铁企业兼并重组的一体化，协助企业解决兼并重组中的问题，完善和落实促进企业兼并重组的各项政策措施；根据地区资源禀赋、环境承载能力等因素，推进产业布局调整和优化，引导有效产能向优势企业和优势地区集中；扶持大型企业引领行业发展，形成一批具有竞争力的大型企业，提高钢铁行业集中度；积极推进产业转型升级，提升行业科研能力和生产技术水平，提升高技术、高附加值产品的生产能力，优化钢铁产品结构；完善落后产能退出机制，借助环保标准、财税政策等措施加快淘汰落后产能的步伐。

（3）以市场为主体，积极消化钢铁产能。以需求为牵引，勿以 GDP 论经济发展，严格审批钢铁新增产能；利用市场机制和经济杠杆倒逼企业增强技术创新的内在动力，推动企业转型和产业升级，提升以产品质量、标准、技术为核心要素的市场竞争力；培育新的消费增长点，紧紧抓住新型城镇化建设、保障房建设、棚户区改造、中西部地区工业化城镇化、公路和铁路交通网、高精尖装备集群、城市群建设、农村水利建设等新的经济增长点，扩大国内市场规模，消化过剩产能。

（4）钢铁企业要联合开拓国际铁矿石市场，保障铁矿石供给。鼓励钢铁企业联合"走出去"，增强钢铁企业海外竞争力，增加我国钢铁企业国际话语权，保障上游铁矿石的供给；开发巩固拓展钢铁产品国际市场，转移一批国内钢铁行业的过剩产能；依托钢铁产业电子商务平台，创新国际贸易方式。

（5）加强钢铁行业与下游行业合作。推动钢铁行业与建筑、装备制造、交通、能源等行业建立高性能的钢铁材料生产应用合作机制，实现产销的无缝衔接；按需生产，加强产学研结合，鼓励企业设立研发中心，积极开发高附加值产品。

4.2　钢铁企业的辐射半径

钢铁产业的物流费用居高不下，致使钢铁这种大宗商品的流动具有一定的地域特点，特别是一些产业链上的低附加值的产品更是如此。因为钢材的物流费用占销售费用约 70%，钢材只销往周边区域，较经济的运输距离是 500 千米以内。为解释物流对钢铁企业运作服务的作用，这里用霍特林（Hotelling，1929）区位竞争模型来诠释说明。

4.2.1　霍特林区位竞争博弈

霍特林（Hotelling）认为现实世界中买方与卖方市场活动分散在不同的地理空间上，买卖双方市场活动在地理空间上的分散性是厂商获得市场支配力的一个重要来源，因为市场活动地理分散性所导致的交通成本差异会在不同程度上削弱市场竞争程度，即使消费偏好相同，交通成本差异也会导致消费者实际消费选择的不同。因此，厂商和消费者在地理空间上的分散性以及由此导致的相对距离就成为市场竞争的重要决定因素，即市场竞争演变成厂商在空间地理区位上的竞争，空间区位竞争理论也由此而产生。

霍特林是最早对厂商空间地理区位问题进行研究的学者，他从厂商不同空间位置出发，首次建立了一个线性（直线段）市场上的双寡头厂商定位模型。在没有价格竞争（每一个厂商都以边际成本定价）的情况下，厂商追求利润最大化的结果就是每一个厂商都倾向于聚集在市场中心，即最小差异原理。因为在一条长度给定的直线上均匀地分布着消费者，在这个市场上两个厂商都向消费者出售相同的产品，消费者到厂商的交通成本是厂商与消费者之间距离的线性函数，在厂商出售产品价格相同的条件下，每一个消费者都会到离自己距离最近的厂商去购买产品。因此，每一厂商的产品需求是由它吸引消费者的数量所决定的，即是由厂商占据给定线段的长度所决定的，厂商之间的竞争就变成了如何在既定线段上选择一个点，使自己所占据的线段达到最大化。厂商在线段上的定位成为市场竞争的关键策略，霍特林从厂商到消费者之间的距离差异这一独特的视角，将相同厂商在出售相同产品时的差异看成是厂商在直线上定位的差异。

4.2.2 博弈模型的建立

假设存在两个钢铁企业 A、B 的双寡头垄断市场，分别位于长度为 1 的线性市场 [0，1] 两端，并以相同的边际成本 c 生产同质的产品，价格分别为 p_1 和 p_2。考虑到消费者均匀分布在 [0，1] 之中，因而消费者购买钢铁产品时需要支付一定的物流成本（或简单理解为运输成本，即消费者为购买到心仪产品所承担的效用损失），再设 A、B 之间空间距离足够远，有两个第三方物流服务商 C、D 为他们配送产品，当然他们只能位于线性城市 [0，1] 的两个端点（位于 [0，1] 之中不经济，有一定空载路程），不妨令 C 在 0 处，D 在 1 处，他们单位运输成本的报价分别是 t_1 和 t_2（运输成本是距离和重量的线性函数，为便于分析，重量即为产品单位）。

假设消费者所处的位置为 $x \in$ [0，1]，则从消费者购买产品的运输成本分别为 $t_i |x - x_i|$（$i = 1, 2$），其中 x_i 表示厂商所在的位置，$x_i = 0$ 或 1，这时消费者购买产品所付出的成本分别为 $p_i + t_i |x - x_i|$（由于 A、B 之间空间距离足够远，不可能出现 D 厂家运送 A 厂商产品的情况）。

设消费者是风险中性的，购买单位产品的效用为 U_i，此时消费者购买钢铁产品获得的效用为

$$U_i = V - p_i - t_i |x - x_i| \quad (i = 1, 2)$$

其中，V 是产品提供的最大效用，同时 $V \geqslant p_i + t_i (i = 1, 2)$，保证了市场的完全覆盖，上式中既包含了产品价格又包含了物流成本，体现了非产品因素的差异。

若消费者购买厂商 A、B 的产品无差异，必然有 $U_1(x^*) = U_2(x^*)$，在 [0，1] 上求解，即

$$x^* = \frac{p_2 - p_1 + t_2}{t_1 + t_2} \qquad (4-1)$$

由于为线性市场，可得钢铁企业 A、B 的市场份额为

$$q_1 = \int_0^{x^*} \mathrm{d}x = x^* = \frac{p_2 - p_1 + t_2}{t_1 + t_2}$$

$$q_2 = \int_{x^*}^1 \mathrm{d}x = 1 - x^* = \frac{p_1 - p_2 + t_1}{t_1 + t_2}$$

钢铁企业的利润函数为 $\pi_i = (p_i - c) q_i$，代入 q_i，得各自的利润函数为

$$\pi_1(p_1, p_2) = (p_1 - c) q_1 = (p_1 - c) \frac{p_2 - p_1 + t_2}{t_1 + t_2}$$

$$\pi_2(p_1, p_2) = (p_2 - c) q_1 = (p_2 - c) \frac{p_1 - p_2 + t_1}{t_1 + t_2}$$

一阶条件（反应函数）为

$$\frac{\partial \pi_1(p_1, p_2)}{\partial p_1} = \frac{p_2 - p_1 + t_2}{t_1 + t_2} - (p_1 - c) \frac{1}{t_1 + t_2} = \frac{p_2 + t_2 + c - 2p_1}{t_1 + t_2} = 0$$

$$\frac{\partial \pi_2(p_1, p_2)}{\partial p_2} = \frac{p_1 - p_2 + t_1}{t_1 + t_2} - (p_2 - c) \frac{1}{t_1 + t_2} = \frac{p_1 + t_1 + c - 2p_2}{t_1 + t_2} = 0$$

得到纳什均衡价格和利润

$$p_1 = \frac{2t_2 + t_1 + 3c}{3} \qquad p_2 = \frac{2t_1 + t_2 + 3c}{3} \qquad (4-2)$$

$$\pi_1(p_1, p_2) = \frac{(t_1 + 2t_2)^2}{9(t_1 + t_2)} \qquad \pi_2(p_1, p_2) = \frac{(2t_1 + t_2)^2}{9(t_1 + t_2)} \qquad (4-3)$$

4.2.3 博弈模型分析

这里对上面推导结果进行诠释：

①若 t_1，$t_2 \neq 0$，即物流的影响不同，可从式（4-2）中得知物流能力决定着钢铁企业的定价权和利润，直至关系到企业的市场竞争力，根据式（4-3），若该处的物流成本越低，其利润越高；

②如果两端点处 $t_1 = t_2$，由（4-1）式知 $x^* = \dfrac{t_1 + 2t_2}{3(t_1 + t_2)} = 0.5$，即两厂商生产条件（边际成本）、物流条件（物流成本）完全一样，钢铁企业 A、B 平分线性市场；

③如果 $t_1 < t_2$，由式（4-1）知 $x^* = \dfrac{t_1 + 2t_2}{3(t_1 + t_2)} > 0.5$，钢铁企业 A 占据更多的市场份额，据式（4-2），钢铁企业 A、B 的最优定价 $p_1 > p_2$，即由于物流成本的降低，可使同质的产品获得更高的定价，占据更大的市场，说明物流成本控制是企业运作管理的重要部分；

④当 t_2 充分大时，$U_2 = V - p_2 - t_2|x-1| = V - p_2 - t_2(1-x)$ 就为负值，$U_1 = V - p_1 - t_1|x| = V - p_1 - t_1x$ 为正值，因而厂商 A 独占整个市场，钢铁企业 B 没有市场份额，物流费用太高，物流厂家 D 没有生存空间。

4.2.4 模型扩展

4.2.2 中式（4-1）可用图 4-1 解释，x^* 是市场分界点，$[0, x^*]$ 是钢铁企业 A 的市场范围，$[x^*, 1]$ 是钢铁企业 B 的市场范围。

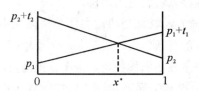

图 4-1 纳什均衡位置

前面讨论假设企业 A 所在的位置在 0 处，企业 B 的位置在 1 处，现设企业 B 的位置不变，而稍稍变化一下企业 A 在市场中的位置（物流厂家 C 的位置也会跟进），如图 4-2 所示，这时会发现纳什均衡点 x^* 会向 1 处移动，即企业 A 的市场影响力会渐渐扩大，压缩企业 B 的市场空间，进而压缩物流厂家 D 的生存空间。

能够预见为应对市场压力，企业 B 也会调整在市场中的竞争位置（采用不同的竞争策略），进而物流厂家 D 也会拓展自己的生存空间，进入 C 的活动空间，改进物流服务水平，降低物流价格，为企业 A 提供物流服务，以适应不断变化的市场，如图 4-2 所示。

这里对两个企业进行了分析，在现实市场中，多个企业的空间布局，形成一种空间分割的管理格局，决定着企业一种网络化运作的态势。

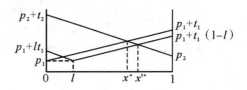

图4-2 纳什均衡点位置的变化

4.2.5 博弈结果启示

钢铁产业经营存在明显的区域分化，钢铁产能布局与资源禀赋、运输条件、周边市场密切相关。政府也是决定区域钢铁市场进入的主导力量，这种主导作用将导致地方政府容易站在地方本位利益的立场，使钢铁产业难以获得"市场淘汰型"的契机。因此，我国钢铁产业应从以下方面进行调整：

（1）完善钢铁产业的退出机制，让"僵尸企业"出局，优化市场竞争环境让钢铁产业结构良性循环。

（2）竞争是市场经济的灵魂，让优势钢铁企业可以依靠成本优势筑起钢铁行业门槛，消除行业潜入者的进入动机。

（3）钢铁企业在每个区域都是利益主体，物流成本就是钢铁企业的市场门槛，政府是钢铁企业的行政门槛，要建立健全推动跨区域产业整合的相关政策和法规，促使生产要素逐步向优势企业集聚，提高资源配置效率。

（4）建立重大项目投资失误问责制，以控制各级政府的短期行为，并逐步减少和严格限制政府作为投资主体的权力和机会，这是因为钢铁工业投资规模较大，投资周期较长，一旦出现投资失误，后果会比较严重，必须控制地方各级政府的投资冲动。

（5）强化对钢材的进口监督和出口协调，积极进行钢材反倾销应诉，建立与国外钢铁界的对话机制。由于与国际市场接轨需要一个过程，加上国际市场存在贸易保护主义，政府和行业协会应从保护我国钢铁行业的应有权益出发，认真研究国际市场变化，向钢铁企业定期通报国际钢材市场有关情况，协调进出口行为，积极进行钢材反倾销应诉，积极开展同国外（地区）钢铁协会之间的对话，建立与国外钢铁界的对话机制。

4.3　钢铁产业的政府监督博弈

钢铁是支撑国家工业化的产业，是技术、资金、资源、能源密集型产业。钢铁产业的发展需要综合平衡各种内外部条件。我国钢铁产量已多年居世界第一，规范产业发展、发展循环经济、提高行业综合竞争力，都亟须产业政策的引导和规制。

4.3.1　群体行为学习过程

随着对组织行为的深入研究，人们发现有些知识和技能掌握最好采用群体学习的方式进行。这种群体学习理论有其历史渊源，最初主要应用于临床心理学领域，20世纪30年代起逐渐被应用于组织行为学领域。20世纪60年代人本主义心理学的兴起把群体学习理论及其实践向前推进了一大步。人本主义心理学强调行为和学习中人的因素，认为学习过程中的个体并不是孤立的。在群体的环境中，人们相互学习、相互影响，充分发挥群体的助长作用，可以极大地提高学习效率。

行为理论提出，个体的行为是由其内在需求和外部环境决定的，个体需求是以追求自身利益最大化为目标的。为阐述群体学习行为，特别将群体分为两类：一个是监管者，另一个是被监管者。被监管者有两种行为：一是采用某种行为，二是不采用某种行为。监管者群体针对这种行为进行管制，选择监督力度高与低两种策略，监督力度越高，管理成本就越高，因而为规范被监管群体的行为，要采取适当的监督力度。

在政府监督下，个体依据自身的价值取向选择是否采取这种行为，受利益等因素的驱动，群体中就有一些人会采用某种行为（尽管人是有限理性的，也会采取带来负收益的行动，比如选购彩票，但经过不断地试错实践，不停地学习会放弃这种行为），用概率表示人们的行为转移过程（见表4-1）。

表4-1　个体行为的转移概率

	不采用	采用
不采用	$1 - \lambda_i$	λ_i
采用	μ_i	$1 - \mu_i$

其中，λ_i 表示个体从不采用某种行为向采用这种行为转变的概率；μ_i 表示个体从采取某种行为向不采取这种行为转变的概率。鉴于群体中个体的效用函数是不一致的，即 λ_i，μ_i 对于不同的个体是不同的。可用马尔科夫"生灭过程"来阐述群体的转移行为。在某种条件下，个体行为最后一定会达到稳定的状态，亦即获得群体行为稳定的预测结果。假设 λ_i，μ_i 具有很好的性质，满足"生灭过程"的要求。那么群体采用这种行为的概率为

$$p_0 = \left(1 + \sum_{k=1}^{\infty} \frac{\lambda_0 \lambda_1 \cdots \lambda_k}{\mu_0 \mu_1 \cdots \mu_k} \right)^{-1}$$

p_0 表示在某种监督力度下，虽然个体的行为是随机的，但随着时间的推移，采用该行为的群体概率是稳定的、固定的，呈现出一定的统计规律性。群体学习是改善团队绩效，提高团队行动能力的一种策略。

4.3.2 政府对钢铁企业的监管模型

这里阐述一个监督和被监督的博弈模型[16]。政府对钢铁企业群体的某种行为（避税、环保评估等）进行监督，设监督的固定成本为 C，监督力度是责任担当的问题。如果钢铁企业采取某行为时，政府监督力度低，则他们就能获得价值为 V 的收益；反之，如果钢铁企业采取某行为时，政府监督力度高，则钢铁企业就会被制裁，设其负效用为 $-I$，这时政府获得的收益为 R（如处罚或罚款）；在政府监督力度低而钢铁企业没有采取该行为有 S 的止效用，政府可集中力量去做其他有益的工作；因监督力度低而钢铁企业采取了该行为，政府监督的负效用为 $-D$（企业行为的危害性）；如果政府监督力度高而钢铁企业"不采取"该行为，则博弈双方相安无事。

根据上述叙述，博弈中政府有监督力度"高"与"低"两种策略，企业有"采取"和"不采取"两种策略，博弈两方的收益矩阵见表4-2，收益矩阵中第一个数表示政府所得，这是非对称、非零和博弈。

表4-2 收益矩阵

钢铁企业

		采取	不采取
政	高	$(R-C, -I)$	$(-C, 0)$
府	低	$(-D-C, V)$	$(S-C, 0)$

4.3.3 混合纳什均衡解

该博弈没有纯策略纳什均衡，因为企业选择"采取"的博弈策略，政府最好的策略是选择监督力度"高"，以便抑制钢铁企业的这种行为；若政府选择监督力度"高"时，企业的最佳应对是"不采取"；既然企业选择"不采取"策略，自然政府采用监督力度"低"的策略更为合适，而此时企业选择"采取"策略时，又能获得 V 的收益。

该博弈有混合策略纳什均衡[17]，先讨论政府选择监督力度"低"与"高"的概率，设政府选择监督力度"低"策略的概率是 $p_g \in [0, 1]$，用图来确定 p_g（见图4-3），横纵轴分别表示政府选择"低"策略的不同概率和钢铁企业选择"采取"策略的期望收益。

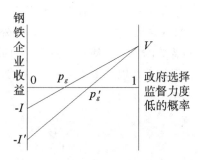

图4-3 政府选择监督力度低的概率

该博弈的混合纳什均衡解：

$$p_g = \frac{I}{V + I}$$

易知 $(1, V)$ 和 $(0, -I)$ 连线与横轴的交点 p_g 就是政府选择"低"策略的最佳概率，选择"高"的最佳概率是 $1-p_g$。$(1, V)$ 和 $(0, -I)$ 连线每一点的纵坐标，就是政府选择该点横坐标表示的监督力度"低"的概率时，企业选择"采取"策略的期望收益 $Vp_g + (-I)(1 - p_g)$；企业选择"不采取"策略的期望收益为0，联立得 $Vp_g + (-I)(1 - p_g) = 0$，即可求出 p_g，即得混合策略纳什均衡解。

基于政府的期望收益，可计算出钢铁企业选择"采取"博弈策略的最佳概率 p_t，即

$$p_t = \frac{C - Sp_g}{R - (R - D - S)p_g}$$

企业选择"不采取"的概率是$1-p_t$。

（1）p_t是p_g的增函数，即选择监督力度"低"的概率越高，企业选择"采取"策略的概率越高；

（2）p_t是R的减函数，即处罚越多，企业选择"采取"策略的概率越低；

（3）p_t是C的增函数，即政府固定监督成本越高，企业选择"采取"策略的概率越高。

以下考量加大处罚力度对钢铁企业选择"采取"策略的处罚会有什么效果：加重处罚意味着I增大到I'（见图4-3），可得政府监督力度"低"的概率就会增大，说明处罚并不是解决问题的办法。此时若钢铁企业选择"采取"策略的概率不变，那么它们的期望收益就变为正值，鼓励它们选择"采取"策略[18]；结果又致使政府减少监督力度"低"的概率，达到新的混合策略纳什均衡。注意减少企业的获利空间V（见图4-4）也会导致政府监督力度"低"的概率增大。企业的行为犹如博弈中的选择，当外部环境明确时，受利益的驱动，企业耐不住利益的诱惑，促使其以概率p_t向采取该行为转变；反过来，政府的监督与打击，促使企业以概率$1-p_t$向不采取这种行为转变，在这种博弈中总体监督概率不变。

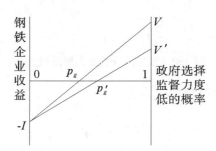

图4-4　政府选择监督力度低的概率

4.3.4　博弈结果启示

科学合理地监管并兼顾地方政府的既得利益，才能充分调动地方政府[19]、钢铁企业的能动性与创造性。

（1）政府的管理职能决定了其在钢铁产业发展中的引导作用，但要符合法律法规和尊重市场规律的要求。政府既不能越位又不能失职，可让市场机制在钢铁产业的发展中发挥基础性作用，而政府作为市场机制失灵的补充调节机制，主要责任应立足于制定产业发展政策、指引产业发展方向，通过依法监管完善钢铁产业发展环境。

（2）原有钢铁行业一直沿着"失衡—调整—扩张—再失衡"的老路走，如今国家要控制产量的增长，让所有钢铁企业以销定产，淘汰过剩产能；对许多钢铁企业来说，面临着职工再就业等方面的困境，没有哪家钢铁企业愿意被"一刀切"，这些问题的解决除了依靠市场来调节，也需要国家相关部门的行政支持。

（3）完善钢铁行业的发展环境，追加碳排放责任目标，督促钢铁产业开启节能降耗模式，研发新技术，降低钢铁产业成本。譬如欧冶云商、上海钢联、找钢网三家钢铁交易平台实现全国主流钢厂全覆盖，服务上下游企业超20万家，贸易量占全国钢铁贸易量的15%，流通效率比传统钢贸企业提升了5倍。

（4）谋求产品转型升级，增加高附加值产品比重。我国钢铁企业一方面需要以新技术、新工艺提高建筑、机械、轻工、造船等行业用钢的产品质量、档次和稳定性，更好地满足传统用户需求；另一方面应加快研发生产汽车板、硅钢、轴承钢、齿轮钢、海工用钢、核电用钢等重点高端产品，努力开拓新用户、新市场，在以进口替代满足高端钢产品国内需求的基础上，寻求向国际市场输出高端产品。在产品升级进程中，应合理制定、修订下游行业用钢标准，做好钢铁产品标准与用钢行业标准规范的衔接。

（5）借助市场优胜劣汰机制，倒逼钢铁产业加快破产退出和兼并重组的步伐，在提升产业集中度的同时，实现过剩产能的有效化解。在市场机制正常发挥作用的环境中，钢铁企业的管理层会审慎权衡负债发展的风险，合理配置各类生产要素，企业负债率与人员产出率将会控制在合理水平。当连续亏损且严重资不抵债的企业的破产退出成为常态时，钢铁产业的整体负债率才会有所下降。

第 5 章　钢铁产业价格的传导机制分析

　　中国经济逐步转向高质量发展，单位 GDP 钢材消费资源强度将呈下降趋势，中国钢材单位需求将减量调整。同时受国际贸易摩擦频发影响，全球钢铁产业链、供应链受到巨大冲击，钢铁这种国际化的商品价格波动很大，本章详述钢铁价格的变化特征与传导过程。

5.1　钢铁产业相关价格指数

　　中国铁矿石价格指数（CIOPI）由中国钢铁工业协会、中国五矿化工进出口商会及中国冶金矿山企业协会联合发布。

5.1.1　国外铁矿石价格指数

　　常见的国外铁矿石有如下三个指数：

5.1.1.1　普氏价格指数

　　普氏价格指数是由普氏能源资讯编制的，普氏能源资讯是麦格劳-希尔集团的下属机构，其作为一家成立于 1909 年的能源和金属市场的新闻、价格与数据提供商，其关于价格指数编制的方法论被认为比其他机构成熟，长期积累的经验也使得其在国际大宗商品领域具有一定影响力。普氏指数是将矿山、贸易商、钢厂、货运商、金融机构等作为询价对象，每天普氏能源资讯的编辑人员都会与他们联系，询问当天的交易情况和对价格怎么看，最终选出被认为在当天最有竞争力的价格作为"评估价格"。

　　2008 年 6 月，普氏能源资讯向全球市场推出了世界首款针对海运铁矿石的每日价格评估服务。一年后此项服务被 BHP 公司采用，成为全球铁矿石定价指数的依据。普氏指数来源于中国市场的现货价格，最初以 62% 品位的铁矿石交易价格作为基础制定。普氏能源资讯推出的铁矿石价格指数作为国际三大矿商季度和现货贸易结算的定价基础，俨然成为决定铁矿石价格的官方指数，尤其是 2010 年 4 月份以后，几乎所有的澳矿、巴西矿均参考这一指数。

5.1.1.2 TSI 钢铁指数

环球钢讯（SBB）的 TSI 钢铁指数则更加重视每天的实际成交价格，钢厂、矿山和贸易商都是他们的询价对象，并且占比基本三三制，它们每天将实际成交价格上传，TSI 的分析师通过整理计算和给予钢厂、矿山和贸易商同样的权重，最终归纳成两种品位（62% 和 58%）的进口铁矿石到天津港的到岸价。普氏价格指数定位于贸易结算工具，而 TSI 指数则专注于铁矿石金融衍生品市场，为后期铁矿石进一步金融化做好准备。

TSI 指数的样本是对 74 家企业的成交数据进行采集，这些企业包括矿商、贸易商、钢厂，而其所提供的数据不包括询价和报价，完全基于已经发生的矿石交易。根据这些数据的不同品质分级，TSI 分析师进行加权平均最终得出当天的指数。目前，TSI 仅作为新加坡交易所和芝加哥交易所进行铁矿石掉期交易结算的依据，对铁矿石现货贸易市场并没有影响。TSI 的所有数据是市场实际现货情况，现货贸易实际成交数据来自现货市场上的活跃企业，成交量通过实际市场得出，因此 TSI 指数成为正在崛起的、已经被中国一些大型钢铁企业意图采用的铁矿石指数。然而在普氏能源资讯迅速收购 TSI 后，TSI 指数未来的发展趋势也变得难以确定。

5.1.1.3 MBIO 铁矿石指数

MBIO 指数是由英国金属导报发起的，是以中国青岛港（CFR）62% 的品位铁矿石为基准，将所有 56%~68% 品位铁矿石折合为 62% 品位，其低品位指数品种也有部分矿山作为参考标准。MBIO 指数是根据交易当天实际成交量进行吨位加权计算后得出的数据，在计算时考虑到了不同等级铁矿石的质量、矿厂地点和交货地点等因素。

MBIO 指数有三个数据来源：钢厂、矿山和贸易商，各占三分之一的比重。指数在制定过程中并不特别偏向某一方，每一个数据源都对最后的指数起到同样的作用。每天他们会搜集各地的三方面数据源，上报给伦敦总部。那里的专家会先对每项指标进行交易量的加权计算，然后对三项指标进行平均整合，得出最终的指数。在具体编制过程中，任何一个收集到的数据，如果比其加权计算的数据高于 4%，或者低于 4%，都将会被排除在外。该计算方法使得参与市场的任何一方都无法主导价格，即使在使用加权计算的情况下。如果有一方报出的数据偏高，只会影响指数计算的 33%。

在 MBIO 指数的模型内，有 20~25 个作为统计的数据点，这些数据点的大部分联系人都来自中国，包括中国主要钢铁企业。其中，有一部分主要参与者与金属导报签有保密协议，他们会将数据自动发送至金属导报。此外，金属导报还与上海钢之家签有协议，钢之家会根据其与钢铁企业签订的合同，向金属导报提供额外的数据。

5.1.2 中国铁矿石价格指数的结构

中国铁矿石价格指数（China iron ore price index，CIOPI）是一个综合指数，由国产铁矿石价格指数、进口铁矿石价格指数两个分项指数构成。中国铁矿石价格指数是在计算"国产铁矿石价格指数"和"进口铁矿石价格指数"的基础上，按上年全年进口铁矿石和国产铁矿石占国内生铁产量的权重，加权平均算出。

5.1.2.1 国产铁矿石价格指数

国产铁矿石价格数据通过中国冶金矿山企业协会的国产铁矿石价格信息系统进行采集。根据国产铁矿石产量分布情况，兼顾各行政区域的平衡，在全国范围选择 14 个省（自治区、直辖市）、32 个矿山区域的国产铁精矿市场成交含税价格作为计算国内铁矿石价格指数的数据基础。国产铁矿石价格指数以 1994 年 4 月份国产铁精矿的市场价格为 100 点，以后各期 62%品位国产铁矿石价格与之进行比较、计算后得出指数。基数起点和计算方法与钢铁协会目前公布的 CSPI 中国钢材价格指数及英国商品研究所公布的 CRU 国际钢材价格指数一致。

5.1.2.2 进口铁矿石价格指数

进口铁矿石价格指数的基础数据分为两部分，即合同数据和评估数据。合同数据一是将各方面报送的直接进口铁矿石合同价格在考虑升贴水后统一换算为 62%品位和 58%品位干基不含税美元价格，并按实际合同量加权计算出进口铁矿石平均到岸价格；二是将各方面报送的进口铁矿石现货贸易合同价格，在考虑升贴水后统一折算为 62%品位和 58%品位干基含税人民币价格，并按实际合同量加权计算出进口铁矿石现货贸易人民币价格；三是大连期货交易所进口铁矿石期货主力合约每个交易日收盘价格的变化数据；四是评估数据，来自全国 30 位专家和 79 位信息员每个工作日上报的数据。进口铁矿石价格指数以 1994 年 4 月份进口粉矿市场价格为 100 点，以后各期 62%品位进口铁矿石价格与之进行比较、计算后得出指数。基数起点和计算方法与钢铁协会目前公布的 CSPI 中国钢材价格指数及英国商品研究所公布的 CRU 国际钢材价格指数一致。

5.1.3 中国钢铁价格指数

中国钢铁价格每周指数系列，覆盖国内各区域、各大类、各主要品种的钢材及主要国产和进口港铁矿石，且所采集的价格均以主流市场的含税现货成交价格为准。国外已有英国商品研究院（CRU）、普氏（Platts）等专业机构编制的国际市场钢铁价格指数。上海钢联借助长达十多年的钢铁及相关行业数据，编制了 MySpic 价格指数，即"中国钢铁价格指数"为国内外各类钢铁及相关行业生产贸易企业所广泛接受，并为钢铁及相关产业交易提供了连续性、权威性的价格指导。

"我的钢铁价格指数"（Myspic-mysteel price indices of China）的编制考虑了长材和板材在中国钢材消费中的权重以及中国华东、华南、中南、华北、西南、东北和西北 7 个行政区域的钢材消费权重，是一个由品种和地区混合而成的加权价格指数。指数选择 2000 年 7 月 31 日为 100 点，自 2010 年 1 月 4 日起形成日指数、周指数和月指数，反映中国铁矿石不同阶段的价格水平及变化趋势，

自 2010 年铁矿石长协机制被弃用后，以铁矿石指数为定价参考的方式开始主导中国的铁矿石进口。2018 年必和必拓公司与两家中国钢铁厂达成协议，在新一年的铁矿石合同中，将 Mysteel 铁矿石指数纳入定价机制，作为普氏铁矿石指数的补充。在此之前，必和必拓等国际铁矿石巨头主要采用普氏铁矿石指数，这标志着中国钢铁指数开启了国际视野，中国钢铁产业开始融入世界。

5.1.4 普钢和螺纹钢主力期货合约

中国钢材消费有着明显的发展中国家特点，建筑业和工业钢材消费约占钢材总消费量的 80%，其中建筑用钢所占比重约为 50%。由于中国正处于城镇化快速发展的历史阶段，对建筑钢材需求很大。普通钢材最早实现冶炼，具备大型化、连续化、智能化、高速化特征，生产门槛较低，生产成本相对低廉，是国民经济所需的基础原材料，是钢铁产业最具代表性的初级产品。这里选用普钢指数作为钢铁产业价格指数的代表。

我国是世界最大的钢铁制造与贸易国，长期稳步推出螺纹钢期货品种。期货既是为钢铁生产和流通企业提供套期保值、管理风险的工具，又为钢铁企业提供价格信息，使企业合理安排生产、保障生产经营活动的有序进行，缓解价格频繁波动对企业平稳运行的冲击。螺纹钢作为主要的建筑用钢材，消费一直占据着中国钢材生产的较大比重。螺纹钢期货就是以螺纹钢为标的物的期货品

种，于 2009 年 3 月 27 日在上海期货交易所开始交易。上海期货交易所可以交易的钢材期货是螺纹钢期货和线材期货。螺纹钢主力期货合约指的是持仓量最大的合约，它是期货市场上最活跃的合约，也是最易成交的期货合约，因而其期货价格代表了钢铁产品的期货价格，这里选用上海期货交易所的收盘价作为钢铁产品期货的代表价格。

5.2 钢铁产业铁矿石价格的系统动力学特征

钢铁产业市场行情从来都是有起有落的，一些困扰我国钢铁业的深层次矛盾尚未解决，"全行业为国际铁矿石巨头打工"的窘境依旧，行业行稳致远的基础并不牢固，产业链上下游利益分配格局有待平衡。尽管我国是世界上最大的铁矿石需求国，钢铁产量占到了全世界一半以上，但由于西方国家控制的几大矿山集团操控铁矿石价格，争夺铁矿石的定价权异常激烈。

5.2.1 复杂系统建模

假设一个系统由 n 个 x_1，x_2，$\cdots$，x_n 状态变量来描述[20]，它们是时间 t 的函数，即 $x_i = x_i(t)$，则该系统由以下微分方程组来决定：

$$
\begin{cases}
\dfrac{\mathrm{d}x_1}{\mathrm{d}t} = f_1(\lambda，x_1，x_2，\cdots，x_n) \\[2mm]
\dfrac{\mathrm{d}x_2}{\mathrm{d}t} = f_2(\lambda，x_1，x_2，\cdots，x_n) \\[2mm]
\qquad\qquad \cdots\cdots \\[2mm]
\dfrac{\mathrm{d}x_n}{\mathrm{d}t} = f_n(\lambda，x_1，x_2，\cdots，x_n)
\end{cases}
$$

其中，λ 为控制参数，f_i 为诸 x_i 的非线性函数。对于该非线性系统，可以用 n 个状态变量为坐标轴撑起一个 n 维空间，这个空间为系统的相空间。

由于该系统是一个时变系统，相空间在不断地发展演化，其演化受到多种因素的影响。应用 G-P 算法，可将价格序列嵌入到高维相空间，获得该系统状态在相空间的发展演化过程，其演化规律就可在某个不改变拓扑性质的相空间中揭示，进而可对钢铁市场价格变化的动力学特征进行描述。

5.2.2 相空间的分析原理

时间序列重构的基本原理：

（1）设所观察的长度为 N 的时间序列为

$$x_1, \ x_2, \ \cdots, \ x_i, \ \cdots, \ x_N$$

将其嵌入到 m 维欧氏子空间中，选定一个时滞 f，从 x_1 开始取值往后延迟，延迟时滞 f 取一个值，直至取足 m 个数，就得到 m 维子空间的第一个点。

$$r_1: \ x_1, \ x_{1+f}, \ \cdots, \ x_{1+(m-1)f}$$

（2）去掉 x_1，从 x_2 开始，同样可得第二个点。

$$r_2: \ x_2, \ x_{2+f}, \ \cdots, \ x_{2+(m-1)f}$$

（3）由长度为 N 的时间序列依次得到 $N_m = N - (m-1)f$ 个相点，构成 m 维子空间：

$$\begin{cases} r_1: \ x_1, \ x_{1+f}, \ \cdots, \ x_{1+(m-1)f} \\ r_2: \ x_2, \ x_{2+f}, \ \cdots, \ x_{2+(m-1)f} \\ \qquad\qquad\qquad \cdots\cdots \\ r_{N-(m-1)f}: \ x_{N-(m-1)f}, \ \cdots, \ x_N \end{cases}$$

经上述处理后，时间序列在 m 维相空间中演化[21]。

5.2.3 铁矿石市场的分形特征

早期理论认为市场价格是一个随机游走过程，遵循马克科夫随机过程，其变化服从正态分布函数。但真实市场价格的运行与其有诸多不符之处，Hurst 在大量实证基础上归纳出 R/S（Rescaled Range Analysis）法，给出了 Hurst 指数，它的计算是一种分形方法，用以判断时间序列数据的发展演化是否遵循随机游走过程，能够得出时间序列是否具有分形结构和相关持续性，基本思路如下：

对于一个时间序列 x_i，将它分为 A 个长度为 N 等长的子区间。每一个子区间中，设

$$X(a, \ t) = \sum_{i=1}^{t} (x_{N(a-1)+i} - M_a), \ i = 1, \ 2, \ \cdots, \ N$$

其中 $X(a, \ t)$ 为第 a 个区间的累积偏差，$x_{N(a-1)+i}$ 为区间 a 第 i 个观察值，

$M_a = \dfrac{\sum_{k=1}^{N} x_{N(a-1)+k}}{N}$ 为区间 a 的平均值，$S_a = \sqrt{\dfrac{\sum_{k=1}^{N} (x_{N(a-1)+k} - M_a)^2}{N}}$ 为区间 a 的标

准差。对每一个子区间，可得到 N 个累积离差，这 N 个离差中的最大值减去最小值就能求出极差

$$R_a = \max[x(a, \ t)] - \min[x(a, \ t)]$$

为比较不同类别的时间序列，Hurst用原来观察值的标准差去除极差 R_a，将极差规范化，并求其平均数

$$\frac{R}{S}(N) = \frac{1}{A}(\sum_{i=1}^{A} \frac{R_a}{S_a})$$

对于不同的区间长度 N，建立下面的关系：

$$\frac{R}{S}(N) \approx b(N)^H$$

其中，R/S 表示重标极差，N 为区间长度，b 为某一常数，H 为 Hurst 指数。对每个子区间计算出 R/S，求出这 A 个 R/S 的平均值，可得出用 N 来等分序列下对应的 R/S 值，做出 $\log(R/S)-\log(N)$ 的坐标图，其斜率就是 Hurst 指数 H，计算过程如图 5-1 所示，估计出 $H = 0.3189 \approx 0.32$。

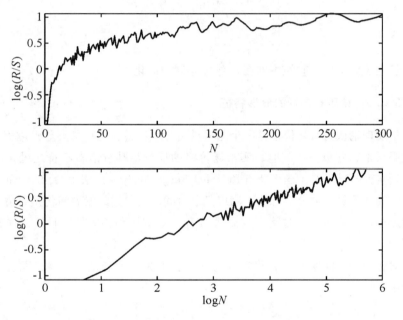

图 5-1 log（R/S）-N 和 log（R/S）-log（N）关系

Hurst 指数大致分为以下三种情况：

（1）Hurst 指数 $H=0.5$，则该时间序列服从随机游走过程，无法利用该数据过去值对未来值进行估计。

（2）Hurst 指数 $0 \le H < 0.5$，则该时间序列服从有偏的布朗运动，其特点为均值回归和反持续性。这种反持续性的影响使得时间序列的波动相较于随机游走过程更大，而变化跨度则远小于随机游走过程。

（3）Hurst 指数 $0.5 < H \leqslant 1$，则该时间序列属于黑噪声序列，具有持续性和长期记忆性的特点，即在 t 时刻的时序方向向上，则 $t + 1$ 时刻亦有较大概率向上。这种长期记忆性使得该类时间序列具有预测性。

与 Hurst 指数 H 相关的指标还有分形维 D：$D = 2 - H$。如果 Hurst 指数 $0.5 < H \leqslant 1$，则该时间序列将产生一个更接近直线的分形维，该分形维曲线相比随机游走的分形维曲线更加平滑；如果 Hurst 指数值 $0 \leqslant H < 0.5$，则该铁矿石序列将产生波动更为剧烈的分形维曲线，相较于随机游走序列的分形维曲线更加参差不平，这是其均值回归性所导致的。

5.2.4　铁矿石价格指数的非线性分析

对价格指数非线性特征分析数据选取 2015 年 1 月 4 日到 2021 年 9 月 30 日的中国铁矿石价格指数，遗漏数据经相邻数据平滑处理，这些样本的价格时间序列 D_i 如图 5-2 所示，运用 MATLAB 编程语言与其工具箱进行计算。

为便于计算该时间序列的特征，需消掉其通货膨胀或经济增长所引发的线性增长趋势，用对数线性回归方程来消除这些趋势，得到一个残差时间序列：

$$x_i = \log D_i - (b_0 + b_1 i)$$

其中，x_i 为消除线性趋势的对数时间序列，i 是观察数。从图 5-2 直观观察，x_i 有些期间保持高位，有时又在低位，但没有改变指数变化的基本形态。

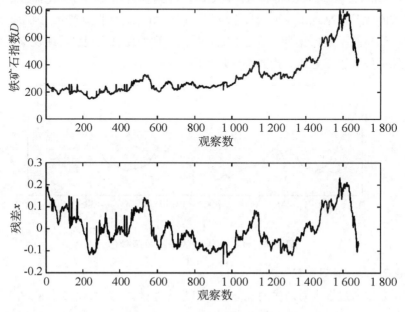

图 5-2　铁矿石价格指数变化

5.2.5　系统的分形维度

分形维度是系统复杂程度的重要度量值，用来明确系统受多少个重要状态变量的影响，因而分形维度可用作先行指标来刻画指数的未来演化。估算分形维的方法有 Hausdorff 维、信息维、相关维等。

基于前面构造的相空间，两点之间的关联程度大小用它们之间的欧氏距离来计算，距离公式为

$$d(r_i, r_j) = \sqrt{\sum_{k=0}^{m-1} (x_{i+kf} - x_{j+kf})^2}$$

给定一个邻域半径 r，检查有多少点对的距离小于 r，记

$$C_m(r) = \frac{2}{N_m(N_m-1)} \sum_{i,j=1; \, i\neq j}^{N_m} W(r - d(r_i, r_j))$$

其中 $W(x) = \begin{cases} 1, & x > 0 \\ 0, & x \leq 0 \end{cases}$ 为阶跃函数。

5.2.5.1　铁矿石指数的自相关函数

自相关函数是描述复杂系统演化过程的一个重要函数，演化过程不同的系统其自相关函数具有很大差别性。一个会出现混沌的系统，自相关函数开始以指数速率快速衰减，再慢慢振荡直到衰减到 0，看上去像一条长而粗的尾巴（H. Richard，1992）。图 5-3 为铁矿石时间序列的自相关函数变化曲线，可以看到该曲线明显呈现出一个指数衰减的大尾巴图，最终收敛到 0，因而铁矿石价格序列显然不是白噪声，但还不能判断该序列变化会展现出混沌现象，而这只能凭借最大李雅普诺夫指数符号来明确。

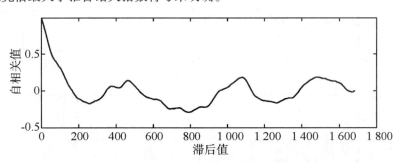

图 5-3　铁矿石指数的自相关函数值

5.2.5.2　延迟时间 τ 和嵌入维数 m

C 方法通过嵌入时间序列 $C_m(r)$ 来构造统计量 $\bar{s}(\tau)$、$\Delta\bar{s}(\tau)$ 和 $s_{cor}(\tau)$，然

后根据统计量和延迟时间的关系图来确定最佳延迟时间 τ 和嵌入窗宽 τ_w，再由 $m = \mathrm{int}(\dfrac{\tau_w}{\tau} + 1)$ 向下取整数，获得嵌入维度 m。其中统计量 $\bar{s}(\tau)$、$\Delta\bar{s}(\tau)$ 和 $s_{\mathrm{cor}}(\tau)$ 均表明原时间序列的自相关性，当 $\bar{s}(\tau)$ 第一次过零点或者 $\Delta\bar{s}(\tau)$ 到达第一个局部极小值时，取二者中所对应 τ 的最小值作为最佳延迟时间；而 $s_{\mathrm{cor}}(\tau)$ 的全局最小值则为最佳嵌入宽窗[22]。

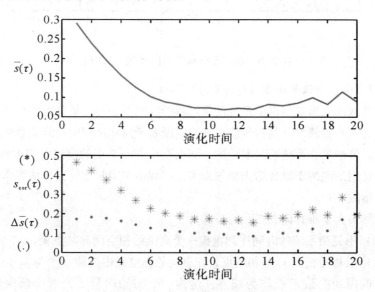

图 5-4　C-C 方法计算嵌入维度

从图 5-4 中 "＊" 号点线可知，嵌入窗宽 $\tau_w = 13$，从 "·" 号点线可知 $\tau = 13$，计算可得嵌入维度为 $m = \mathrm{int}(\dfrac{\tau_w}{\tau} + 1) = \mathrm{int}(\dfrac{13}{13} + 1) = 2$。

5.2.5.3　铁矿石指数序列的平均周期

在考量系统混沌特性时，还需用到时间序列的平均周期这个参数。一般做法是利用 FFT 变换对时间序列进行周期分解，获得周期功率如图 5-5 所示，然后计算其平均值[23]即可。

计算图 5-5 中功率的平均值，得到序列的平均周期约为 15。

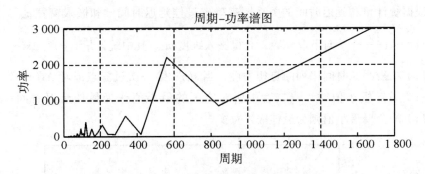

图 5-5　铁矿石时间序列的周期-功率谱

5.2.5.4　李雅普诺夫（Lyapunov）指数

李雅普诺夫指数刻画了系统演化过程的混沌形态，度量复杂系统对于初始值的灵敏度和依赖性，其符号能很好地判断系统演化过程中最终是否会出现混沌现象。价格复杂系统若是混沌的，那么至少有一个正的李雅普诺夫指数[24]。学术界常用最大的李雅普诺夫指数来实证，利用重构相空间方法估算李雅普诺夫最大指数。

计算最大李雅普诺夫指数的步骤为：

（1）用复杂系统的时间序列重构一个高维的相空间与其点集。

（2）以初始相点 x_0 为初始点，在重构的相空间中选取一个与 x_0 相距至少一个轨道周期的最近点作为端点，建构一个初始向量 v_0，求出该向量的长度 l_0。

（3）经过一段进化时间 f_0，初始向量 v_0 动态发展为另一个向量 v_1，相应的起点和终点分别为 $x_{t_0+f_0}$ 和 $y_{t_0+f_0}$，计算出相长度 l_1。如果用 λ_1 表示此事件段内相长度的指数增长率，则有 $l_1 = l_0 e^{\lambda f_0}$，即 $\lambda_1 = \dfrac{1}{f_0}\log(\dfrac{l_1}{l_0})$。

（4）以 $x_{t_0+f_0}$ 为新的起点，选取一个新向量 v_1' 为发展向量，相应起点与终点的长度足够小并与 v_1 保持较小的夹角，同理得出指数增长率 $\lambda_2 = \dfrac{1}{f_1}\log(\dfrac{l_2}{l_1})$。

（5）再以 v_1' 为初始向量，类推下去，取增长率 λ_k 的平均值作为李雅普诺夫指数的估计值，即

$$\lambda = \frac{1}{N}\sum_{k=1}^{N_s}\frac{1}{f_{k-1}}\log(\frac{l_k}{l_{k-1}})$$

当 $\lambda > 0$ 时，系统就具有混沌特征。通常估计最大的李雅普诺夫指数来判

断复杂系统是否拥有非线性特性。

图 5-6 给出的是最大李雅普诺夫指数随平均周期的变化曲线，考虑到计算误差，这里给出了平均周期在 [10，20] 的李雅普诺夫指数，它们都大于零。表明铁矿石指数具有非线性特征，至少需要两个变量解释其演化特性。李雅普诺夫指数还能用来明确可预测的时间尺度，常常较多使用最大 Lyapunov 指数的倒数来表示复杂系统最大可能预报的时间尺度 T，即 $T = \dfrac{1}{\lambda}$，可得预报区间为 [6，8] 天。

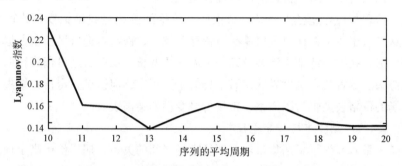

图 5-6　最大李雅普诺夫指数随平均周期的变化

5.3　钢铁价格传导机制

钢铁产业是经济社会发展的压舱石，产品价格影响因素主要有铁矿石的进口价格、铁矿石供需关系、物流成本、房地产市场、铁路公路基建投资、土地价格等。

（1）宏观经济的发展。大体上说，钢铁需求随全球经济增长而增长，钢铁行业受到经济周期的影响比较显著。

（2）原材料成本。铁矿石价格是影响钢铁产品成本的最关键因素。

（3）钢铁技术水准。技术进步会引发替代品的出现，又会减少钢铁的需求，这是负向替代；有时引起钢铁替代其他材料，这是正向替代。

（4）供求关系与预期。钢铁这类国际化产品，其价格与国外市场密切相关。

5.3.1　钢铁价格的传导机制

钢铁就是生产力和生产效率，多数国家都会使用钢铁用于制造工业。我国制造业走在世界前列，对钢材的需求量会越来越大，除了印度、澳大利亚、越南等国家，日本也相继打开中国钢材市场，许多中小钢材企业不断增加半成品的采购量，然后加工成钢铁产品出口到国外，形成全球钢铁经济的循环发展。

5.3.1.1 原材料市场传导途径

铁矿石和钢材的进口价格决定了我国钢铁产品的定价。鉴于大部分钢铁生产原材料都需要进口，所以钢铁企业要时刻掌握市场动向。世界钢铁总产量一半以上来自中国，中国只能依据国际市场价格的定价来相应做出调整，但是观察国际钢铁价格，影响价格波动的往往是在国外。

钢铁现货传导途径主要是进口铁矿石价格间接地对我国钢铁价格产生影响，这是由于我国钢铁对进口铁矿石依存度较高，铁矿石进口量长期占据世界第一。随着我国经济结构转型及其加工需求的增长，铁矿石进口仍将长期保持增长势头。尽管我国是世界铁矿石市场的主要买家，但铁矿石定价权缺失，国际市场的价格波动仍为国内钢铁市场价格变动的晴雨表。

5.3.1.2 期货市场传导途径

有大量研究揭示了期货市场与现货市场之间的关系，期货价格高于现货的价格主要是由于持有现货所发生的持有成本的存在。从理论上讲，期货价格与现货价格的数量关系应表示为：期货价格=现货价格+持有成本，持有成本是指在正常的供求关系下，厂商持有某种商品所付出的仓储费、利息等费用。期货市场是现货的远期市场，其未来价格的波动会有很大的不确定性，期货市场的价格变动会远强于现货市场价格变动。

5.3.2 中国钢铁市场价格影响因素模型

向量自回归（VAR）模型常用于分析时间序列系统的动态特征[25]，预测系统中各变量的相互影响关系，进而解释各经济变量对研究对象的影响程度。这种方法将变量纳入一个经济体系，能更清晰地考察变量之间的动态变化规律。这里将国内钢铁现货价格（普钢价格指数 pg）、期货价格（螺纹钢主力合约收盘价 lwg）和中国铁矿石指数（tks）纳入动态的 VAR 系统中，以考察钢铁价格的传导，计算各变量的贡献度与影响效应。计量模型如下：

$$LN(pg)_t = C + a_1 LN(lwg)_t + a_2 LN(tks)_t + \mu_t$$

其中 LN( ) 是自然对数函数，C 为常数，μ 为误差项，t 为时间序列的时期。

5.3.2.1 数据的选取

本章实证研究所有变量选取日期自 2015 年 2 月 25 日至 2021 年 9 月 30 日，数据来源于前瞻数据库（https://x.qianzhan.com/），有的直接就选用了指数，有的进行了定基化处理，为消除异方差数据取对数来进行分析。

5.3.2.2 实证分析

所有分析结果均采用 Eviews8.0 计算所得。由于时间序列分析和回归分析有许多前提假定，如序列的平稳性、正态性等，为规避出现伪回归现象，先对序列进行平稳性检验。

（1）平稳性单位根检验。

一个平稳过程的数据图形特征为：数据围绕长期均值波动，偏离均值之后有复归均值的调整；方差 variance 有限且不随时间改变；其自相关函数随时间衰减。非平稳过程其数据图形特征为：不存在长期均值；方差具有时变性且趋于无穷；自相关函数不随时间衰减。

时间序列的平稳性检验常用单位根 ADF 方法，根据图 5-7 和图 5-8 的直观描述，这里选取包含有常数项与时间趋势项（C，N，T）的方程，各变量滞后阶数依据 AIC 和 SC 准则判定。ADF 检验，如果序列平稳，则不存在单位根，否则就会存在单位根。若数据不平稳，则可以做差分变换[26]，查看是否差分后平稳。

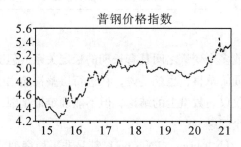

图 5-7 普钢价格指数（对数）时间序列

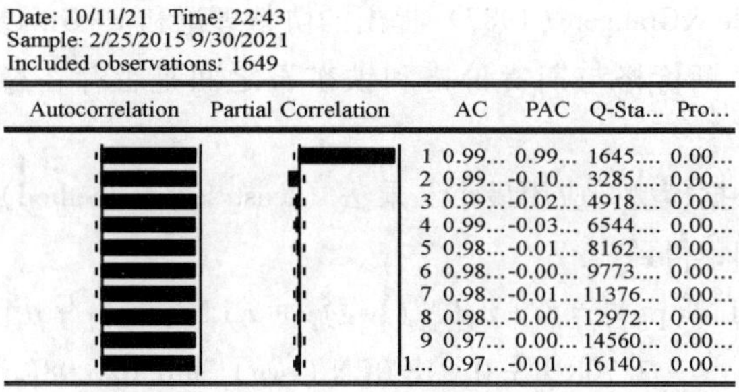

Date: 10/11/21 Time: 22:43
Sample: 2/25/2015 9/30/2021
Included observations: 1649

Autocorrelation	Partial Correlation		AC	PAC	Q-Sta...	Pro...
		1	0.99...	0.99...	1645....	0.00...
		2	0.99...	-0.10...	3285....	0.00...
		3	0.99...	-0.02...	4918....	0.00...
		4	0.99...	-0.03...	6544....	0.00...
		5	0.98...	-0.01...	8162....	0.00...
		6	0.98...	-0.00...	9773....	0.00...
		7	0.98...	-0.01...	11376....	0.00...
		8	0.98...	-0.00...	12972....	0.00...
		9	0.97...	0.00...	14560....	0.00...
		1...	0.97...	-0.01...	16140....	0.00...

图 5-8 普钢价格指数（对数）的自相关函数

ADF 原假设为，序列存在单位根，即非平稳，对于一个平稳的时序数据，就需要在给定的置信水平上显著，拒绝原假设。若得到的统计量显著小于 3 个置信度（1%，5%，10%）的临界统计值时，说明是拒绝原假设的。

由表 5-1 可得，LN（pg）、LN（lwg）和 LN（tks）对于任何显著性水平都接受原假设，为非平稳时间序列；但其一阶差分序列均拒绝原假设，各变量均是一阶单整的时间序列。

表 5-1　序列平稳性检验结果

变量	检验形式	ADF 统计量	临界值（显著性水平）		
			1%	5%	10%
LN（pg）	(C, N, T)	−2.396 412	−3.972 345	−3.416 800	−3.130 751
LN（lwg）	(C, N, T)	−2.364 374	−3.972 279	−3.416 768	−3.130 731
LN（tks）	(C, N, T)	−2.151 018	−3.972 301	−3.416 779	−3.130 738
D（pg）	(N, N, 1)	−10.346 28	−3.972 345	−3.416 800	−3.130 751
D（lwg）	(N, N, 1)	−25.167 84	−3.972 301	−3.416 768	−3.130 731
D（tks）	(N, N, 1)	−30.048 30	−3.972 301	−3.416 779	−3.130 738

（2）协整检验。

协整表达两个或多个变量之间具有长期的稳定关系，但变量间协整的必要条件是它们之间是同阶单整，也就是说，在进行协整检验之前必须进行单位根检验。协整得到的仅仅是数量上的结论，但不能确定谁是因，谁是果，因果关系检验才能解决这个问题。

虽然 LN（pg）、LN（lwg）、LN（tks）都是非平稳序列，但它们之间都是一阶单整的（见表 5-1），其线性组合可能是平稳序列，即不随着时间的变化而变。根据 Engle &Granger（1987）提出的协整理论和 E-G 两步检验法可以更加准确地确定普钢价格与期货价格和铁矿石之间是否存在稳定长期的协整关系。

第一步：数据模型，应用最小二乘法（least sqaure method）对 LN(pg) 进行多元线性回归，得到

$$LN（pg）_t = C + a_1 LN（lwg）_t + a_2 LN（tks）_t + \mu_t$$

$$LN（pg）_t = -2.708\ 1 + 0.918\ 0LN（lwg）_t + 0.026\ 98LN（tks）_t$$

第二步：残差分析，采用 ADF 法去检验残差序列的平稳性，结果见表 5-2。残差序列对于给定的任何显著性水平下都拒绝原假设，可知残差为平稳序列，亦即各个变量与普钢价格有着长期稳定的协整关系。通过方程可得到

各个变量对普钢价格产生了不同程度的影响。

表 5-2　残差单位根检验

变量	检验形式	ADF 统计量	临界值（显著性水平）		
			1%	5%	10%
差 Resid	(N, N, 1)	-14.066 50	-3.972 595	-3.416 922	-3.130 823

（3）格兰杰因果检验。

格兰杰因果关系作为一种可以衡量时间序列之间相互影响关系的方法，其全称为"格兰杰因果关系检验"（Granger causality test），极大强化了利用计量工具进行因果识别的趋势。从表 5-3 可知，变量之间内含格兰杰因果[27]。

表 5-3　格兰杰因果检验结果

Dependent variable：pg			
Excluded	Chi-sq	df	Prob.
lwg	65.826 58	2	0
tks	4.228 669	2	0.120 7
All	75.537 17	4	0
Dependent variable：lwg			
Excluded	Chi-sq	df	Prob.
pg	5.181 541	2	0.075
tks	5.809 873	2	0.054 8
All	12.556 23	4	0.013 7
Dependent variable：tks			
Excluded	Chi-sq	df	Prob.
pg	15.929 68	2	0.000 3
wg	40.618 29	2	0
All	84.400 68	4	0

（4）脉冲响应函数。

脉冲响应函数可以反映各变量的冲击对内生变量当期或未来各期的影响路径，进而准确判断各变量对研究变量的作用时滞大小。

从图 5-9 普钢响应曲线（红色线）可知，铁矿石价格在第 1—2 期对普钢指数产生冲击，之后缓慢增加，从第 3 期持续到第 4 期基本维持平稳增长，但从第 5 期达到峰值，后面持续缓慢下降，说明滞后期大约为 5 期[28]。同理，普钢指数对铁矿石的冲击滞后期大约为 4 期，参见图 5-10 铁矿石响应曲线。

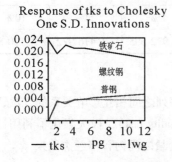

图 5-9　铁矿石价格的脉冲响应图

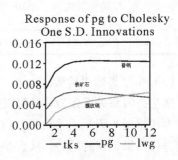

图 5-10　普钢指数的脉冲响应图

（5）方差分解。

建立 VAR 模型后，还可以通过方差分解的方法，分析 VAR 系统中每一个经济变量的贡献度。为探讨各变量价格对普钢价格变动的贡献大小，进行方差分解（见表 5-4）。

表 5-4　普钢价格波动的方差分析表

时期	标准差	铁矿石	普钢	螺纹钢
1	0.007 539	15.078 19	84.921 81	0
2	0.014 004	18.322 35	79.041 16	2.636 494
3	0.019 526	19.232 13	76.535 46	4.232 411
4	0.024 242	19.402 43	75.186 33	5.411 234
5	0.028 335	19.304 48	74.323 03	6.372 493
6	0.031 959	19.069 06	73.708 72	7.222 218
7	0.035 224	18.761 08	73.232 26	8.006 655
8	0.038 21	18.409 98	72.839 49	8.750 531
9	0.040 974	18.032 71	72.500 88	9.466 408
10	0.043 558	17.639 12	72.199 71	10.161 16
11	0.045 991	17.235 62	71.925 94	10.838 45
12	0.048 296	16.826 53	71.673 28	11.500 19

普钢价格大约有 84.92%可由自己的滞后项解释，铁矿石价格可以解释大约 15.08 的方差变动[29]。

5.3.3　结束语

（1）从长期来看，普钢价格指数、螺纹钢期货价格、铁矿石价格指数具有长期稳定的协整关系。钢铁价格的变动受到铁矿石价格和螺纹钢期货价格的影响，普钢价格的变动比铁矿石价格波动要小。

（2）从脉冲响应函数来看，铁矿石指数对普钢指数的影响时滞为 5 期。中国铁矿石价格指数由国内和国外铁矿石指数两部分构成，削弱了国外铁矿石指数对钢铁由于价格变化的影响。钢铁价格复杂的传导机制，对钢铁产业转型升级带来了不小挑战，要通过多种方式沿着产业链来传导价格，避免过度涨价和跌价，保持钢铁产业价格温和变动。

（3）从方差分解结果来看，普钢指数的波动大部分受自己滞后项影响，其他变量的贡献比例不尽相同。计算结果表明铁矿石价格对钢铁价格的波动产生的影响最大，其后是期货价格。说明在钢铁这种大宗商品价格传导机制中，必须掌控核心原料，强化铁矿石定价权的争夺。

（4）着力发展期货市场。铁矿石市场定价权主导的是发达国家，我国处于价格被动接受者地位。期货市场能扩大钢铁产业上下游期货市场的交易规模，提高钢铁市场国际化程度，吸引更多国内外投资者的广泛参与。期货市场的开发，是提升我国对钢铁产业这类大宗商品的影响力与争取定价权的主要途径。

（5）完善钢铁产业发展联盟，建立钢铁产业采购基金。出台钢铁产业的宏观调控政策，以国家信誉背书，统一管理采购进口铁矿石。国家利用储备货币进行铁矿石期货交易，增强铁矿石采购的主动权、话语权、决策权；可将货币政策金融工具纳入政策体系内，提高外汇的使用率，共同应对铁矿石市场的风险。提升产业的智能化、数字化发展，精准监控整个产业的发展动势，催生产业数字化，推动数字经济和钢铁产业深度融合，打造具有国际竞争力的数字钢铁产业集群。

第6章 天津钢铁的产业复杂网络分析

钢铁产业作为天津的支柱产业，与天津其他产业存在着复杂、密切的经济技术关联。产业关联是指经济活动中各产业间形成关联网络，在这个有机整体中各产业通过产业链、价值链、创新链等纽带相互联系、相互制约。文中通过产业关联分析揭示天津钢铁产业的基础性作用。

6.1 原始数据与理论基础

用好数据和理论，才能充分做到有理有据。本节选用 2017 年天津投入产出表为原始数据进行讨论。

6.1.1 天津 2017 年投入产出表

投入产出表于 20 世纪 30 年代产生于美国，是由美国经济学家哈佛大学教授华西里·列昂惕夫提出并加以研究的。列昂惕夫从 1931 年开始研究投入产出技术，编制投入产出表，目的是研究当时美国的经济结构。1936 年 8 月他在《经济学与统计学评论》上发表了《美国经济制度中投入产出关系》一文，标志着投入产出技术的诞生。后续通过若干年的研究，他提出了投入产出表的概念及编制方法，阐述了投入产出的基本原理，创立了投入产出技术这一科学理论。由于列昂惕夫在投入产出方面的卓越贡献，他于 1973 年获得第五届诺贝尔经济学奖。

产业关联分析的有力工具之一就是投入产出表（input-output tables）。华西里·列昂惕夫（W. Leontief）在经济活动相互依存性的研究基础上研究并编制了投入产出表，为学界研究国民经济系统中投入产出关系提供了有效工具，通过投入产出表可以揭示出生产过程中各部门之间相互依存和相互制约的经济技术联系。投入产出表中部门分类是编制投入产出表首先考虑的问题，我国投入产出表的编制采用的是两级编制体系，第一级为42部门，文中采用42部门天津市的投入产出表展开下面分析。

6.1.2 复杂系统网络的分析指标

复杂系统理论是系统科学中的一个前沿方向。复杂性科学被称为21世纪的科学，它是要揭示复杂系统的一些难以用现有科学方法解释的动力学行为。文中将借助复杂网络理论，视天津产业关联为一个复杂系统网络，以最新的2017年投入产出表为基础，以不同经济部类为网络中的节点[30]，不同经济部类之间的投入产出关系为节点之间的连接线段，建构天津产业的复杂网络模型。

复杂网络方面的研究受到了广泛的关注，复杂网络的分析指标如图6-1所示。

6.1.2.1 度、平均度

度：在复杂网络中，一个节点的度值等于与它相连的节点数目。节点 i 的度 K_i 也是与节点 i 直接有边连接的其他节点的数目，有向网络中度还分为出度（output degree）和入度（input degree）。

平均度（average degree）：所有节点的度的平均值。

6.1.2.2 路径长度

路径长度：网络中两个节点 i 和 j 之间的最短距离为路径长度（path length），网络中任意两点的平均值为平均路径长度（average path length）。

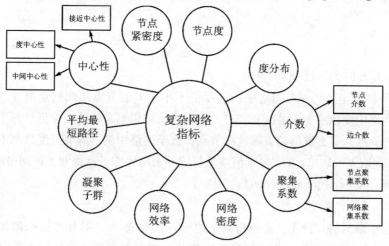

图6-1 复杂网络分析指标

6.1.2.3 聚类系数

一个网络的聚类系数（clustering coefficient）为网络中所有节点的聚类系数的平均值[31]，即

$$C = \frac{1}{N} \sum_{i=1}^{N} C_i$$

其中，$C_i = \frac{2F_i}{K_i(K_i - 1)}$，$F_i$ 表示节点 i 的 K_i 个邻接点之间实际存在的边数。

6.1.2.4 中心度

度数中心性（degree centrality）表示一个节点 i 的度值与最大可能值的比值，因为在一个包含 N 个节点的网络中，节点度的最大值为 $N-1$。即：

$$DC_i = \frac{K_i}{N-1}$$

中间中心性（betweenness centrality）：节点 i 对于网络中节点对之间沿着最短路径传输信息的控制能力，它是用经过某个节点的最短路径数目来刻画节点的重要性指标。按照 Freeman（1977）的定义，节点的介数为

$$BC_i = \sum_{s \neq i \neq t} \frac{n_{st}^{'}}{g_{st}}$$

其中，g_{st} 表示从节点 s 到节点 t 的最短路径数量，$n_{st}^{'}$ 为从节点 s 到节点 t 的 g_{st} 条最短路径中经过节点 i 的最短路径数量[32]。

接近中心性（doseness Centrality）：网络中所有节点间距离的平均值的倒数，即：

$$CC_i = \frac{N}{\sum_{j=1}^{n} d_{ij}}$$

6.1.2.5 k -核分解

k -核的定义为一个网络中所有度值不小于 k 的节点组成的连通片。首先去除网络中度值小于 k 的所有节点及其连边；如果剩余的节点中仍然有度值小于 k 的节点，那么就继续去除这些节点，直至网络中剩下的节点度数都不小于 k。依次取 $k = 1$，2，$3 \cdots$ 对于网络重复这种去除操作，就得到了该网络的 k -核分解（K-core decomposition）。

6.1.2.6 群落聚类

在复杂网络理论中，群落指的是内部连接密集[33]，对外连接松散的节点集团。Newman（2004）提出的凝聚法和分裂法是复杂网络分析中群落聚类的主要方法。

6.2　天津钢铁产业的复杂网络建构

复杂系统可建模成一种复杂网络进行诠释，比如常见的电力网络、航空网络、交通网络、计算机网络以及社交网络，等等。复杂网络不仅是一种科学研究工具，也是数据的展现形式。复杂网络是由许多节点与节点之间的连边组成，其中节点用来代表真实系统中不同的个体，而弧与边则用来表示个体间的关系，往往是两个节点之间具有某种特定的关系则连一条边，反之则不连边，有边相连的两个节点在网络中被认为是相邻的。

6.2.1　完全消耗系数的计算

投入产出表基本结构如表 6-1 所示。

表 6-1　投入产出表结构

投入	产出		
	中间产品	最终产品	总产品
物质消耗	(x_{ij})	τ	cm
新创造价值	cr		
总投入	cr<cm		

完全消耗系数是指第 j 产品部门每提供一个单位最终使用时，对第 i 产品部门货物或服务的直接消耗和间接消耗之和。将各产品部门的完全消耗系数用表的形式表现出来，就是完全消耗系数表或完全消耗系数矩阵，通常用字母 B 表示。

直接消耗系数 a_{ij} 是生产单位 j 总产出对 i 产品的直接消耗量，可得直接消耗矩阵 A，计算公式为 $a_{ij} = \dfrac{x_{ij}}{X_j}$。直接消耗系数体现了列昂惕夫模型中生产结构的基本特征，是计算完全消耗系数的基础，它充分揭示了国民经济各部门之间的技术经济联系，即部门之间相互依存和相互制约关系的强弱，并为构造投入产出模型提供重要的经济参数。

完全消耗系数是全部直接消耗系数和全部间接消耗系数之和。完全消耗系数 $B = (I - A)^{-1} - I$，即列昂惕夫逆矩阵减去一个单位矩阵，完全消耗系数不仅反映了国民经济各部门之间直接的技术经济联系，还反映了国民经济各部门之间间接的技术经济联系，并通过线性关系，将国民经济各部门的总产出与最终使用联系在一起。

6.2.2 产业间复杂网络建模

在 2017 年天津投入产出表中，中间产品和物质消耗 x_{ij} 矩阵是一个 42×42 的矩阵，刻画了 42 个部门的产业关联关系；通过一些规则转换后可视为复杂网络的邻接矩阵（adjacency matrix），反映产业关联网络的内在特征与本质联系。以这 42 个部门为网络的节点（nodes），以其投入产出关系为弧（archs）建构复杂网络模型，以便采用复杂网络的拓扑特征分析天津产业关联与运行规律。

6.2.2.1 复杂网络系统的节点

网络节点如表 6-2 所示。

表 6-2 投入产出 42 部门一览表

编号	部门	编号	部门	编号	部门
01	农林牧渔产品和服务	15	金属制品	29	交通运输、仓储和邮政
02	煤炭采选产品	16	通用设备	30	住宿和餐饮
03	石油和天然气开采产品	17	专用设备	31	信息传输、软件和信息技术服务
04	金属矿采选产品	18	交通运输设备	32	金融
05	非金属矿和其他矿采选产品	19	电气机械和器材	33	房地产
06	食品和烟草	20	通信设备、计算机和其他电子设备	34	租赁和商务服务
07	纺织品	21	仪器仪表	35	研究和试验发展
08	纺织服装、鞋帽、皮革、羽绒及其制品	22	其他制造产品和废品废料	36	综合技术服务
09	木材加工品和家具	23	金属制品、机械和设备修理服务	37	水利、环境和公共设施管理
10	造纸印刷和文教体育用品	24	电力、热力的生产和供应	38	居民服务、修理和其他服务
11	石油、炼焦产品和核燃料加工品	25	燃气生产和供应	39	教育

表6-2(续)

编号	部门	编号	部门	编号	部门
12	化学产品	26	水的生产和供应	40	卫生和社会工作
13	非金属矿物制品	27	建筑	41	文化、体育和娱乐
14	金属冶炼和压延加工品	28	批发和零售	42	公共管理、社会保障和社会组织

6.2.2.2 复杂网络系统的弧

为便于研究，建立网络系统的弧步骤如下：①建立网络简单图，即在这模型中没有自循环（self-edge），也没有多重边（multi-edge），不考虑部门自身之间的投入产出关系；②为揭示天津产业关联网络的内部联系，节点的连边采用有向无权边（direct & unweighted），两个部门可以通过部门之间的中间投入和中间产出刻画出来，比较两个部门之间的中间产品和物质消耗（中间投入）的大小就得到两个部门的关联；③网络中任意两个节点之间都有弧（arch）直接相连，因此网络图反映了现实产业关联关系，但产业间具有显著性的联系被繁复的连接所覆盖。

为表达投入产出的关联，用完全消耗系数作为连边规则。鉴于产品间的相互消耗除了直接消耗外，还带有间接消耗，而完全消耗系数则是这种直接消耗和间接消耗的全面反映。与直接消耗系数相比，完全消耗系数揭示了部门之间的直接和间接的联系，可更全面、更深刻地反映部门之间相互依存的数量关系。

6.2.2.3 复杂网络的连接

完全消耗系数矩阵 B 中，元素 b_{ij} 是 j 生产部门生产单位产品时所消耗的 i 部门的产品量，b_{ji} 表示 i 生产部门生产单位产品时所消耗的 j 部门的产品量。$b_{ij} \geq b_{ji}$ 表示生产单位产品时，j 生产部门生产单位产品时所消耗的 i 部门的产品量大于或等于 i 生产部门生产单位产品时所消耗的 j 部门的产品量，i 部门对 j 部门而言是净流出关系；反之则是净流入关系。借助矩阵 B 的转置 B^T，得到矩阵 $B' = B - B^T$，其对应元素 b'_{ij}，就得到部门之间的净流入和净流出关系[34]，以 B' 构建邻接矩阵 E_{ij}：

$$e_{ij} = \begin{cases} 1, & b'_{ij} \geq 0, \ i \neq j \\ 0, & b'_{ij} < 0, \ i \neq j \\ 0, & i = j \end{cases}$$

6.3 天津钢铁产业复杂网络的指标分析

下述结果都应用网络分析软件 Ucinet6.2 得到。将邻接矩阵 E_{ij} 数据输入软件，就得到 42 个节点，861 条边的复杂网络图，如图 6-2 所示。

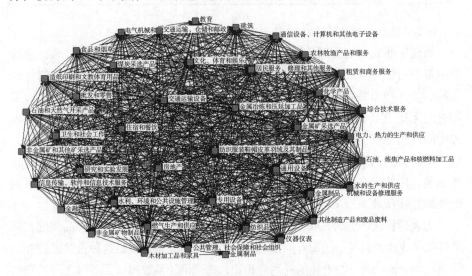

图 6-2　天津市 42 部门复杂网络图

6.3.1　度、平均度

平均度是复杂网络的基础指标，对天津产业关联网络 $G(42, E_{ij})$ 来说，度就是刻画不同部门之间的显著联系，其中入度（InDegree）反映的是行业中间消耗流入情况，出度（OutDegree）表达的是行业中间消耗流出状况，如表 6-3 所示。

表 6-3　网络图的入度、出度和平均度

编号	OutDegree	InDegree	编号	OutDegree	InDegree	编号	OutDegree	InDegree
01	25	16	**15**	24	17	**29**	36	5
02	29	12	**16**	23	18	**30**	18	23
03	39	2	**17**	19	22	**31**	13	28
04	27	14	**18**	25	16	**32**	41	0

表6-3（续）

编号	OutDegree	InDegree	编号	OutDegree	InDegree	编号	OutDegree	InDegree
05	11	30	**19**	25	16	**33**	28	13
06	28	13	**20**	27	14	**34**	33	8
07	11	30	**21**	17	24	**35**	0	41
08	8	33	**22**	21	20	**36**	13	28
09	7	34	**23**	14	27	**37**	4	37
10	25	16	**24**	33	8	**38**	21	20
11	39	2	**25**	26	15	**39**	5	36
12	36	5	**26**	11	30	**40**	2	39
13	17	24	**27**	7	34	**41**	3	38
14	33	8	**28**	35	6	**42**	2	39
出度		最小	0	最大	41	平均度	20.5	
入度		最小	0	最大	41	平均度	20.5	

金属冶炼和压延加工品部门的出度为33，表明其与33个部门有产品的输送。钢铁产业隶属于金属冶炼和压延加工品部门，这恰好也反映了钢铁产业的特点。

6.3.2 平均路径长度

复杂网络中任意两个节点的最短距离的平均值，就是平均路径长度（average path length）。天津产业复杂网络的最短路径有861条有向最短路径，其中最大路径长度、平均路径长度分别为：$L_{max} = 9$，$L_{average} = 2.132$。两个行业之间的最大路径长度就是这个复杂网络模型的直径，由于其最大值和平均值都相对较小，表示天津各个产业之间的联系较为紧密，经过多年发展的累计产业布局自称体系，凸显"小世界"特征。

6.3.3 中心性

从信息运转的角度而言，中心度越高的节点其重要性也越大，这些节点去掉后对于网络信息的传输影响也就越大。

从表6-4可知，金属冶炼和压延加工品（编号14）的中心度排在天津42个部门的第2位，仅次于石油、炼焦产品和核燃料加工品（编号11），天津钢铁产业的中心位置较为显著，体现了钢铁工业的核心作用。

表 6-4　中心度排名前 10 的部门（degree group centrality）

编号	部门	排序	编号	部门	排序
11	石油、炼焦产品和核燃料加工品	1	22	其他制造产品和废品废料	6
14	金属冶炼和压延加工品	2	24	电力、热力的生产和供应	7
15	金属制品	3	31	信息传输、软件和信息技术服务	8
20	通信设备、计算机和其他电子设备	4	32	金融	9
21	仪器仪表	5	34	租赁和商务服务	10

考虑到钢铁产业具有国民经济中间产品的特征，下面分析各部门的中间中心性，如表 6-5 所示。

表 6-5　各部门的中间中心性（node betweenness）

编号	Betweenness	nBetweenness	编号	Betweenness	nBetweenness	编号	Betweenness	nBetweenness
01	99.62	6.07	15	18.13	1.11	29	75.48	4.60
02	28.66	1.75	16	11.06	0.67	30	1.06	0.06
03	38.92	2.37	17	9.88	0.60	31	68.17	4.16
04	32.65	1.99	18	24.15	1.47	32	0.00	0.00
05	156.43	9.54	19	37.97	2.32	33	28.52	1.74
06	4.87	0.30	20	17.36	1.06	34	7.65	0.47
07	24.45	1.49	21	57.23	3.49	35	0.00	0.00
08	0.27	0.02	22	6.73	0.41	36	107.56	6.56
09	0.27	0.02	23	7.23	0.44	37	178.15	10.86
10	33.93	2.07	24	69.87	4.26	38	2.96	0.18
11	0.25	0.02	25	148.70	9.07	39	0.13	0.01
12	75.94	4.63	26	203.56	12.41	40	0.33	0.02
13	140.79	8.58	27	44.61	2.72	41	0.33	0.02
14	3.74	0.23	28	14.28	0.87	42	75.13	4.58

从表 6-5 可知，金属冶炼和压延加工品（编号 14）的中间中心度（0.23）排在天津 42 个部门的第 32 位，比金融部门（编号 32）排名靠前，钢铁产业的中间作用较为单薄，产品延伸性不够。

表 6-6　各部门的接近中心性（Node Closeness）

编号	inCloseness	outCloseness	编号	inCloseness	outCloseness	编号	inCloseness	outCloseness
01	33.33	39.42	**15**	31.30	38.68	**29**	26.80	47.13
02	27.33	42.71	**16**	30.83	38.32	**30**	32.28	33.88
03	19.52	49.40	**17**	31.78	36.28	**31**	39.05	28.47
04	30.37	40.20	**18**	27.89	41.00	**32**	2.38	100.00
05	41.00	32.80	**19**	31.06	41.00	**33**	29.29	41.84
06	28.87	40.59	**20**	30.60	39.81	**34**	25.31	44.57
07	41.00	29.29	**21**	33.06	37.27	**35**	100.00	2.38
08	42.71	20.00	**22**	32.03	36.94	**36**	39.81	32.54
09	43.62	19.81	**23**	35.65	30.83	**37**	48.24	22.53
10	30.37	39.42	**24**	26.62	45.56	**38**	31.30	35.96
11	16.60	49.40	**25**	33.33	41.41	**39**	45.05	19.07
12	23.70	47.67	**26**	43.62	27.89	**40**	49.40	16.02
13	35.96	35.65	**27**	43.62	23.30	**41**	48.24	16.14
14	25.31	43.16	**28**	24.12	46.59	**42**	49.40	18.72

从表6-6可知，金属冶炼和压延加工品（编号14）的接近中心度为43.16（out），排在天津42个部门的第9位，居于靠前的位置（均值 mean = 36.04），相对靠近复杂网络的中心，表明钢铁产业的基础地位不可动摇。

6.3.4　凝聚子群分析

群体是在既定目标的约束下，彼此互动、协同活动的一群社会行动者。凝聚子群是对网络节点的结构研究，用来描述节点之间实存或者潜在的关系模式，满足一些条件的一个行动者子集合，即节点之间具有较强、直接、紧密、经常的或积极的关系。天津产业关联网络 $G(42, E_{ij})$ 的凝聚子群分解过程如图6-3所示。

由图6-3可知，如果从第三层级去看，钢铁产业（金属冶炼和压延加工品）与电力、热力的生产和供应，煤炭采选产品，租赁和商务服务部门联系紧密；如果从第二层级去看，钢铁产业与石油、炼焦产品和核燃料加工品，石油和天然气开采产品，交通运输、仓储和邮政，化学产品、金融、批发和零售部门联系紧密，大致诠释了钢铁产业链的产品线与相关联系部门，如图6-4所示。

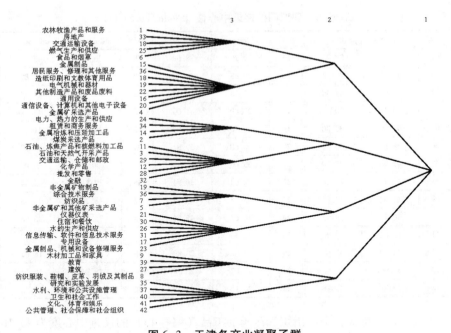

图 6-3　天津各产业凝聚子群

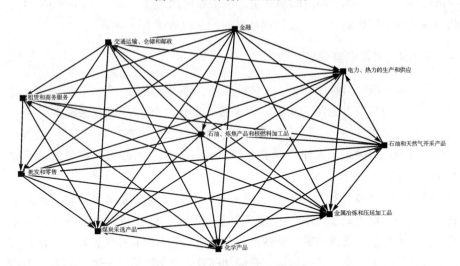

图 6-4　天津钢铁产业相关网络

供给侧结构性改革与制造业转型升级研究——以天津钢铁产业为实证

6.3.5 聚类系数

描述小世界网络的重要参量是聚类系数,聚类系数越大、平均路径越短的网络被称之为小世界网络。这种网络中,大多数的节点并不直相,但却只需要很少几步就可以相互到达。用图论语言来说,小世界网络就是一个由大量节点构成的图,其中任意两点之间的平均路径长度比全部节点数量小得多。高集聚系数是小世界网络的独有特征,这类网络很典型地出现了"枢纽"(和很多节点相连的节点)。天津产业网络的聚类系数为0.5,各产业互动密集,内部关联度很高。

6.3.6 核心与边缘

核心-边缘理论是解释经济空间结构演变模式的一种理论。该理论试图解释某个区域由互不关联、孤立发展,变成彼此联系、发展不平衡,又由极不平衡发展变为相互关联、平衡发展的区域系统。在经济发展过程中,核心区在空间系统中居支配地位。其作用主要表现在以下几个方面:①核心区通过供给系统、市场系统、行政系统等途径来组织自己的外围依附区。②核心区系统地向其所支配的外围区传播创新成果。③核心区增长的自我强化特征有助于相关空间系统的发展壮大。④随着空间系统内部和相互之间信息交流的增加,创新将超越特定空间系统的承受范围,核心区不断扩展,外围区力量逐渐增强,导致新的核心区在外围区出现,引起核心区等级水平的降低。

经计算,天津产业关联网络没有突显的核心-边缘产业,各部门节点的核心度计算结果如表6-7所示。核心度越大,该部门越接近于产业网络的核心,其排序结果如图6-5所示。但这些核心度难以聚类展示,表明天津产业发展较为平衡,没有引领的优势龙头产业,旧有的产业格局仍在主导天津经济的发展,新的布局还在路上。

表6-7 各部门节点的核心度

编号	节点核心度	编号	节点核心度	编号	节点核心度
01	0.090	**15**	0.078	**29**	0.276
02	0.145	**16**	0.066	**30**	0.022
03	0.365	**17**	0.043	**31**	0.006
04	0.105	**18**	0.097	**32**	0.549

表6-7(续)

编号	节点核心度	编号	节点核心度	编号	节点核心度
05	0.017	**19**	0.093	**33**	0.120
06	0.107	**20**	0.104	**34**	0.184
07	0.008	**21**	0.045	**35**	0
08	0	**22**	0.042	**36**	0.018
09	0	**23**	0.011	**37**	0.001
10	0.094	**24**	0.208	**38**	0.040
11	0.350	**25**	0.109	**39**	0
12	0.259	**26**	0.005	**40**	0
13	0.052	**27**	0.001	**41**	0
14	0.177	**28**	0.232	**42**	0

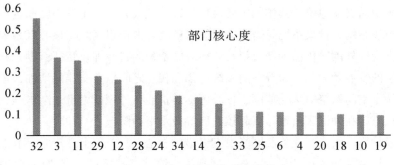

图 6-5　部门节点核心度排序

　　天津作为北方的经济中心，是京津冀协同发展的重要一环，必须加快培育优势龙头企业，带动产业集聚发展，这是助力产业提档升级的重要途径。借力新经济、数字经济，实现弯道超车，形成有优势特色的现代工业产业体系；升级产品品质、打响品牌，争取呈现出提质、增效、快速发展的良好经济局势。天津钢铁产业链条不完善不健全，制约了装备制造业、汽车和医药健康行业的发展，要加大重点产业链串链、补链、强链推动力度，着力解决企业供、产、销各环节的困难问题；不断集聚优势资源，筑牢实体经济底盘，加速钢铁产业转型升级，完善钢铁产业技术创新体系，提升企业创新主体地位。

6.3.7　结束语

在借鉴和学习现有产业复杂网络研究上，采用天津 2017 年投入产出表的完全消耗系数矩阵，借助网络规则给出了产业网络的邻接矩阵，构建出以 42 个部门为节点的天津产业关联网络 $G(42, E_{ij})$ 模型，通过 Ucinet 软件计算了该网络的几个基本拓扑指标，针对天津的实际计算结果进行了诠释，给出了有关拓扑指标的产业经济学意义，确立了钢铁行业在天津经济中的地位与作用。天津面临的经济困局，经济产业转型成了必选之路，产业结构优化升级必须加快推进，经济才能迎来黎明。

第7章 物流成本下废钢铁社会化回收的契约协同

循环经济、资源友好型社会是时代发展的潮流，对钢铁产业的节能降耗提出了艰巨的挑战，废钢铁的回收再利用显得越来越必要。2019 年中国废钢消耗量约有 2.16 亿吨，废钢铁的回收再制造经济价值巨大，它是替代铁矿石进口的钢铁产业原材料。废钢铁粗略地可分为三类：自产废钢、进口废钢、社会废钢（报废的汽车和垃圾废钢），前面两类废钢铁具有批量规模回收的特点，这里不加考虑。本章专注于社会废钢的回收处理，聚集在回收难点物流成本上，其回收有赖于政府、制造商、回收处理商、消费者等利益相关主体[35]，即全社会的共同参与和践行。

7.1 废钢铁社会回收网络运作体系存在的问题

7.1.1 废钢铁社会回收体系

我国废钢铁社会化回收网络体系如图 7-1 所示，回收网络[36]的有效运转取决于各方利益主体的利益驱动、市场机制和政府制度。废钢铁产业以废钢铁回收—拆解—加工—配送—应用构成产业链的主体，作为一个新兴战略性产业，有着广阔的发展空间和巨大的发展潜力。

废旧再生资源回收体系建设是发掘资源潜力、建设节约型社会的必然要求，是促进循环经济、转变经济发展方式的重要举措，是调整产业结构、发展战略新兴产业的重要内容，是改善人居环境、建设美好家园的有效措施。

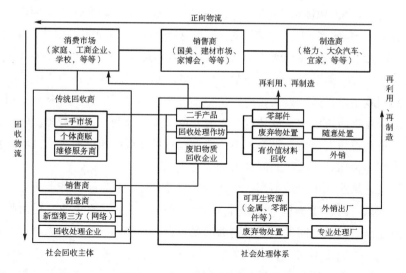

图 7-1　废钢铁回收的社会网络

注：本图根据相关资料整理。

7.1.2　废钢铁回收中存在的问题

我国每年约有 500 万吨废钢铁、20 万吨废有色金属、1 400 万吨废纸沦为真正的垃圾。美国每年钢铁厂的废物处理约有 10 亿美元的商业价值，而我国冶金矿产总资源回收率为 30%~50%，比发达国家低 10%~20%。我国冶金废物已经成为国家最为严重的资源浪费和污染源，同时也妨碍了钢铁产业的迅速发展。虽然我国再生资源行业已经取得很大的发展，但是还有很大的上升空间，当前市场上出现了这样一个尴尬局面，正规回收拆解公司因为原料不足大喊"吃不饱"，而大部分回收物品却流入小商贩手里，大部分回收市场环境较差，废旧物品拆解对环境造成二次严重污染。

第一，废旧物资回收市场分散、不规范。小作坊回收废旧物资时不按照环保要求规范处理，成本较低。小商贩将废旧物资转手出售能赚几十元甚至上百元。而非法拆解没有任何环保方面的投资，只是将值钱的东西提炼出来，拆解成本低、利润高。而正规专业厂家处理成本高、收购原料的价格高。

第二，环保意识缺失。在利益驱动下，处置废旧物资的过程中，大多数居民们仅仅考虑方便，很少考虑价格因素，对废旧物品的价值缺乏认识。因此，大量的废旧物资通过非正规渠道流向了没有任何环保设施的家庭作坊式小厂，从而使废旧物资回收流程中的环保问题越来越严重。

第三，整体回收体系还不完备。现阶段再生资源企业缺乏有效的供销产计划，缺乏系统、合理的完整回收系统，资源和信息流通不畅，很难有效对接，庞大的再制造资源散落在各处，回收难度很大，直接影响到我国废旧物资的回收利用率。

　　第四，回收渠道不通畅，回收效率较低。其主要表现为：一方面是居民难以找到回收站点，另一方面是回收价格不透明、不公开。许多有利用价值的废品，混杂在生活垃圾中，被焚毁、填埋，造成大量浪费；再生资源回收主体只是从经济利益角度出发，没有从节约资源、保护环境的角度考虑，回收对象多集中为废旧金属、废纸等利润高的物资。

　　第五，从业人员素质不高。个体经营户是主体，且以手工作业为主，组织化程度较低。区别于传统"小散乱"企业的正规再生资源企业，还面临着综合税负过高、区域之间发展不平衡的问题。目前从事回收行业的人群逐渐趋向于年轻化，他们也不再选择像父辈一样走街串巷，只是占据一方。年轻人敢闯、敢冒险，他们懂得利用各种资源拓展市场，他们勇于尝试新鲜事物，中国的再生行业因为他们的加入而加快了改革和发展。

　　第六，回收处理技术落后。我国再生资源回收机构多为无照经营的街边回收站，合法再生资源回收企业很少，即使是规范的再生资源回收企业，多数规模也很小，没有技术开发能力，缺乏了解再生资源物流技术信息的渠道。城市的再生资源回收站一般搭建简易，采取户外作业，露天堆放废品。再生资源物流的所有作业几乎全靠人工分拣、装卸、搬运。而各类设备也不齐全，工艺落后，常常技术处理不当，阻碍了再生资源回收利用的深层次发展。

　　智能硬件和"互联网"正在以前所未有的速度和创新形式来到我们的身边，改变着我们的生产、工作、生活方式，也引领了创新驱动发展的"新常态"。移动互联网有可能解决回收领域长期以来信息不对称的问题，未来，一定会是互联网的天下。回收行业性质的网站的兴起和发展，必将带动中国回收事业的飞跃式发展。我国将推动和引导再生资源回收模式创新，积极引导探索"互联网回收"的模式及路径，积极支持智能回收、自动回收等新型回收方式的发展。不远的将来，回收行业一定会成为我国经济不可或缺的重要环节，从事回收行业是一个不错的选择，利国利民。再生资源行业传统的集散交易模式，已经没有生命力。依靠政策补贴和"圈地运动"来推动扩张，也不能获得持续发展，行业企业亟须向新的领域拓展。利用"互联网+"这种新型模式，形成"互联网+再生资源"将有利于改造这个传统产业，打造新型回收交易平台（如95商城），整合线上线下资源，发展新型电商模式，构建新型融资平台，形成新型商业回收模式是必然选择。

7.2 废钢铁回收的物流特征

废钢铁回收体系的正常运作,使众多专业化再生物质回收企业应运而生,但废钢铁回收物流的特性使得废钢铁回收企业的物流成本巨大,难以控制。

(1)废钢铁产生地点分散,很难集中。众多废钢铁在消费者手里,而且不是每家都有废弃物产生,回收信息获取的不确定性、空间上的分割和分布致使物流很难中心化运作。

(2)废钢铁回收的时候并没有包装,需要大量人力进行拆、装、运,且需要一定面积的仓储进行分门别类地存放,高房价传导下的仓储租金及昂贵物流运输成本,也是巨大的物流运营成本。回收、分拆、再利用等配套设施成本昂贵、运输成本高,无害化拆解成本和门槛高等众多原因,致使专业的市场上有资质的回收企业也不多,且发展缓慢。

(3)在国内劳动力成本进一步提高的当下,雇佣一批工人成本是微利运营的、企业吃不消的,这也是造成回收物流成本较高的原因之一。

(4)信息成本过高。获取废旧物品的回收信息较为困难,导致信息成本偏高。可通过构建区域性再生资源回收利用的信息平台,提供各个行业、各地区发展再生资源回收物流的信息,利用信息平台将城市再生资源社区回收的各个环节联系在一起,形成"回收—市场—工厂—循环再生产"的再生资源回收物流体系,实现资源共享。应在再生资源回收系统中推广采用条形码技术,对快速处理相关回收产品从入口到最后处理的过程进行信息跟踪管理,并及时更新,稳步提高物流信息化管理水平。

(5)回收物品的时间、数量具有不确定性。回收时间、回收数量在回收过程中很难准确规划,具有很高的偶然性,难免会造成回收人员时间的浪费与准备不足,造成物流活动中的无效劳动,这种非计划性会大幅增加回收的物流成本。

(6)回收物流的活动范围较小。造成回收过程无效活动过多,诸如反复停车等待,不能规模化地展开物流活动,都增加了物流成本,致使物流效率变差。

7.3 废钢铁社会化回收的供应链模型

为简化研究，结合国内废钢铁回收的社会运作的现状，见图7-1，仅考虑由一个制造商、一个销售商和一个第三方回收商构成的社会化回收闭环供应链[37]，如图7-2所示。

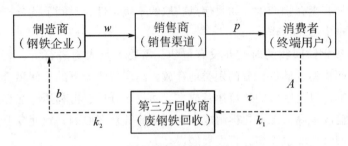

图7-2 第三方回收闭环供应链结构

图7-2中实线表示正向物流，虚线表示逆向物流。这个闭环供应链是回收社会化—循环经济的简化，从钢铁产品生命周期出发去考虑其运动的过程。考虑到第三方回收市场还不完备，从而引入回收率 τ 表示回收状况。

7.3.1 模型假设与描述

基于前述相关研究，集中讨论产品批发价、销售量、第三方回收商的回收率对供应链各参与主体利润产生的影响，提出如下假设：

假设1 第三方回收商以回收率的选择管理废旧产品的回收业务，并将回收的产品转交给制造商，由制造商对回收产品进行检查处理，亦即制造商也充当专业回收商的角色，废钢铁回收有专业的市场价。

假设2 制造商、销售商以及第三方回收商均以自身利润最大化为原则进行决策，并且三者均是理性的、风险中性的。

假设3 制造商生产产品品种单一，并且部分可回收再利用。制造商的生产成本是 cm，回收产品的利用成本为 cr，且 cr<cm，即 cm-cr>0。再设单位产品的回收平均价值为 S ，回收产品可再制造的比例为 r ，其余则只能用作他用，因而回收单位产品的期望价值为 $\Delta = S(1-r) + (cm-cr)r$ 。

假设4 制造商既可以使用原材料进行新产品的生产，也可以利用回收的废旧产品进行再造品的生产，再造品功能、效用、质量与原材料生产的新产品完全相同，同样以新产品的方式进入市场并以相同的价格进行销售。

假设 5 产品的市场需求函数为线性需求，即产品的市场需求为 $q = \varphi - \beta p$，其中 p 为产品的单位销售价格，φ 为最大市场需求，β 为价格敏感系数。

假设 6 τ 为第三方回收商的回收率，即第三方回收的废旧产品占产品销售总量的比重，令 $I = c_0 \tau^2$ 表示第三方回收商回收的努力成本，随着回收率的增加，努力成本也会逐渐增加，亦即过分追求高回收率并不经济。

假设 7 通过先前的交易行为，市场上已经累积了足够多的废钢铁产品，第三方回收商可以收回期望数量的废钢铁。

假设 8 制造商和销售商及第三方回收商之间存在 Stackelberg 博弈关系，且制造商是主导者，销售商与第三方回收商是跟随者[38]。

7.3.2 相关符号与变量说明

文中用到的符号和参数如表 7-1 所示。

表 7-1 符号与变量说明

变量	表示含义
w	产品的批发价格
p	产品的销售价格
τ	第三方回收商的回收率
c_m	制造商的生产成本
c_r	回收产品的利用成本，$c_r < c_m$
A，k_1	第三方回收商单位产品的回收价格、单位物流成本
b，k_2	制造商从第三方回收商的回收价格、单位物流成本 $A \leqslant b$
Δ	回收单位产品的期望价值 $\Delta = S(1 - r) + (c_m - c_r)r$
I	第三方回收商回收的努力成本 $I = c_0 \tau^2$
π	供应链各成员的利润，m 代表制造商；r 代表销售商；t 代表第三方回收商；R 代表收益共享契约协调。π_j^i 上标 $i = \{c, d, R\}$ 分别表示合作集中决策、非合作分散决策以及收益共享契约协调三种不同情形下的利润；下标 $j = \{m, r, t\}$ 分别表示制造商利润、销售商利润以及第三方回收商利润；上述决策变量若进一步标注"*"，则表示其对应的最优决策

7.3.3 社会化（第三方）回收供应链的数学模型

根据以上假设及符号定义，供应链各成员的利润如下：

$$\pi_m(w, \ b) = (w - \mathrm{cm})q + (\Delta - b - k_2)\tau q \qquad (7\text{-}1)$$

$$\pi_r(q) = (p - w)q \qquad (7\text{-}2)$$

$$\pi_t(\tau) = (b - A - k_1)\tau q - c_0\tau^2 \qquad (7\text{-}3)$$

闭环供应链的系统总利润为

$$\pi = (p - \mathrm{cm})q + (\Delta - A - k_1 - k_2)\tau q - c_0\tau^2 \qquad (7\text{-}4)$$

7.3.4 模型的求解分析

7.3.4.1 合作集中决策下的解

在集中式的供应链决策中，供应链各参与方以追求供应链系统利润最优为目标，制造商、销售商及第三方回收商共同决定产品的批发价格、销售数量及回收率。

命题1：当满足 $4c_0 - \beta(\Delta - A - k_1 - k_2)^2 > 0$ 时，式（7-4）有唯一的最优解。

证明：对式（7-4）中 q、τ 分别求一阶导，可得

$$\frac{\partial \pi^c}{\partial q^c} = -\frac{q}{\beta} + \left(\frac{\varphi - q}{\beta} - \mathrm{cm}\right) + (\Delta - A - k_1 - k_2)\tau^c$$

$$\frac{\partial \pi^c}{\partial \tau^c} = (\Delta - A - k_1 - k_2)q - 2c_0\tau$$

由于 $\dfrac{\partial^2 \pi^c}{\partial q^2} = -\dfrac{2}{\beta}$，$\dfrac{\partial^2 \pi^c}{\partial q \partial \tau} = (\Delta - A - k_1 - k_2)$，$\dfrac{\partial^2 \pi^c}{\partial \tau^2} = -2c_0$，

当 $4c_0 - \beta(\Delta - A - k_1 - k_2)^2 > 0$ 能够满足时，函数 π^c 的海塞矩阵

$$H^c = \begin{bmatrix} -\dfrac{2}{\beta} & (\Delta - A - k_1 - k_2) \\ (\Delta - A - k_1 - k_2) & -2c_0 \end{bmatrix}$$

负定，为严格的凹函数，即存在唯一的最优解，证毕。

命题2：合作集中决策下，可得供应链系统最优状态的收益，即得系统最优的销售量与回收率。

证明：对式（7-4）中 q、τ 分别求一阶导，可得

$$q^{c*} = \frac{2c_0(\varphi - \beta\mathrm{cm})}{4c_0 - \beta(\Delta - A - k_1 - k_2)^2} \qquad (7\text{-}5)$$

$$\tau^{c*} = \frac{(\Delta - A - k_1 - k_2)(\varphi - \beta\mathrm{cm})}{4c_0 - \beta(\Delta - A - k_1 - k_2)^2} \qquad (7\text{-}6)$$

由 $q = \varphi - \beta p$ 可得电器产品的最优单位售价为

$$p^{c*} = \frac{2c_0(\varphi + \beta_{cm}) - \beta\varphi(\Delta - A - k_1 - k_2)^2}{\beta[4c_0 - \beta(\Delta - A - k_1 - k_2)^2]} \tag{7-7}$$

此时，可以实现闭环供应链系统利润的最大化，即

$$\pi^{c*} = \frac{c_0(\varphi - \beta_{cm})^2}{\beta[4c_0 - \beta(\Delta - A - k_1 - k_2)^2]} \tag{7-8}$$

在集中决策下的供应链中，随着回收价格 A 的提高，回收率 τ 呈现下降的趋势，供应链整体收益也会下降，其回收热情也会减弱，这也是国家补贴废钢铁回收的初衷。

7.3.4.2 非合作分散决策下的解

在非合作分散决策下，制造商、销售商以及第三方回收商均以自身利益最大化为目标。在非合作分散决策下，供应链各成员符合 Stackelberg 博弈结构，作为主导者的制造商会根据跟随者决策变量的反应函数，率先进行决策；而后跟随者根据主导者的决策结果，制定出自己的决策，以实现自身利润最大化。

该供应链结构[39]的博弈次序如下：首先，制造商为实现自身利润最优，应先确定单位产品的批发价格 w；其次，销售商和第三方回收商根据制造商的决策分别确定产品的销售价格 p 和回收率 τ，各自追求自身利益最大化。

上述决策可表述为

$$\max \quad \pi_m^d(w, b) = (w - cm)q + (\Delta - b - k_2)\tau q \tag{7-9}$$

$$\text{s. t.} \begin{cases} max \quad \pi_r^d(q) = (p - w)q & (7-10) \\ \max \quad \pi_t^d(\tau) = (b - A - k_1)\tau q - c_0\tau^2 & (7-11) \end{cases}$$

$$q = \varphi - \beta p$$

对式（7-10）中的 q 求一阶导数，整理后可得

$$\frac{\partial \pi_r^d}{\partial q^d} = -\frac{q^d}{\beta} + \left(\frac{\varphi - q^d}{\beta} - w^d\right), \quad \text{得 } q^{d*} = \frac{\varphi - \beta w}{2} \tag{7-12}$$

对式（7-11）中的 τ 求一阶导数，整理后可得

$$\frac{\partial \pi_t^d}{\partial \tau^d} = (b - A - k_1)q - 2c_0\tau^d, \quad \text{得 } \tau^{d*} = \frac{(b - A - k_1)q}{2c_0} \tag{7-13}$$

将式（7-12）和（7-13）代入式（7-9）中，并对 w, b 求一阶导，可得

$$w^{d*} = \frac{8c_0(\varphi + \beta cm) - \beta\varphi(\Delta - A - k_1 - k_2)^2}{\beta[16c_0 - \beta(\Delta - A - k_1 - k_2)^2]}, \quad b^{d*} = \frac{\Delta + A + k_1 - k_2}{2}$$

$$\tag{7-14}$$

$$q^{d*} = \frac{4c_0(\varphi - \beta cm)}{16c_0 - \beta(\Delta - A - k_1 - k_2)^2}, \quad \tau^{d*} = \frac{(\varphi - \beta cm)(\Delta - A - k_1 - k_2)}{16c_0 - \beta(\Delta - A - k_1 - k_2)^2}$$

$$(7-15)$$

供应链各成员的利润分别为

$$\pi_m^{d*} = \frac{2c_0(\varphi - \beta cm)^2}{\beta[16c_0 - \beta(\Delta - A - k_1 - k_2)^2]} \quad (7-16)$$

$$\pi_r^{d*} = \frac{16c_0^2(\varphi - \beta cm)^2}{\beta[16c_0 - \beta(\Delta - A - k_1 - k_2)^2]^2} \quad (7-17)$$

$$\pi_t^{d*} = \frac{c_0(\varphi - \beta cm)^2(\Delta - A - k_1 - k_2)^2}{[16c_0 - \beta(\Delta - A - k_1 - k_2)^2]^2} \quad (7-18)$$

通过上述求解，可以得出非合作分散决策下，供应链系统总利润为

$$\pi^{d*} = \frac{c_0(\varphi - \beta cm)^2[48c_0 - \beta(\Delta - A - k_1 - k_2)^2]}{\beta[16c_0 - \beta(\Delta - A - k_1 - k_2)^2]^2} \quad (7-19)$$

比较式（7-5）、式（7-6）、式（7-8）和式（7-15）、式（7-19），显然 $q^{d*} < q^{c*}$、$\tau^{d*} < \tau^{c*}$、$\pi^{d*} < \pi^{c*}$，亦即合作集中决策下的销售量、回收率、总利润都高于分散决策下的销售量、回收率、总利润，因而供应链各方需要强化合作，为此引入供应链契约机制，促使各方社会责任的提升。

7.4　收益共享下的社会契约

"收益共享"是合作方共赢的契约，意指合作前各方都有基础收益，合作后收益都在基础收益上有所增加，即合作可给参与各方带来效益的提升，且整体的净收益都达到均衡最大。该契约机制能够督促制造商、销售商、第三方回收商通力合作，采用最优行为以实现供应链整体效益最优。

7.4.1　社会契约的机制设计

基于供应链"收益共享"契约机制[40]的思路，该协调机制可使供应链各成员共同分享收益增量，进而提高供应链整体的收益。模型如下：

$$\max \quad \pi(q, \tau) = (p - cm)q + (\Delta - A - k_1 - k_2)\tau q - c_0 \tau^2$$

$$s.\,t. \quad \begin{cases} \pi_m^R(w, b) \geqslant \pi_m^d \\ \pi_r^R \geqslant \pi_r^d \\ \pi_t^R(A) \geqslant \pi_t^d \end{cases}$$

$$q = \varphi - \beta p$$

该机制在追求供应链系统最大化要求的同时，也寻找合理的决策变量提高各成员的实际收益。

7.4.2 社会机制的实现

在该契约中，设制造商与第三方回收商分享合作情形下的协调系数为 η_1 和 η_3，则销售商的协调系数为 $\eta_2 = (1 - \eta_1 - \eta_3)$。$\eta_1$，$\eta_2$ 及 η_3 的大小主要取决于制造商、销售商以及第三方回收商三者之间在供应链中的地位与议价能力。

从供应链整体最优出发，即要求销售商以合作情形下的最优售价

$$p^{c*} = \frac{2c_0(\varphi + \beta cm) - \beta\varphi(\Delta - A - k_1 - k_2)^2}{\beta[4c_0 - \beta(\Delta - A - k_1 - k_2)^2]}$$

售出最优销量的电器产品

$$q^{c*} = \frac{2c_0(\varphi - \beta cm)}{4c_0 - \beta(\Delta - A - k_1 - k_2)^2}$$

第三方回收商以最优回收率

$$\tau^{c*} = \frac{(\Delta - A - k_1 - k_2)(\varphi - \beta cm)}{4c_0 - \beta(\Delta - A - k_1 - k_2)^2}$$

进行供应链协调（进行废钢铁的回收工作）。为便于表达，令回收过程中产生的单位产品回收成本为 $c_t^* = \dfrac{c_0(\tau^{c*})^2}{\tau^{c*}q^{c*}}$，拟定供应链各成员的收益如下：

$$\pi_m^R(w, b) = (w - c_m + \eta_1 p^{c*})q^{c*} + (\Delta - b - k_2)\tau^{c*}q^{c*} - \eta_1(A - k_1)\tau^{c*}q^{c*} \tag{7-20}$$

$$\pi_r^R = (\eta_2 p^{c*} - w)q^{c*} - \eta_2(A - k_1)\tau^{c*}q^{c*} \tag{7-21}$$

$$\pi_t^R(A) = \eta_3 p^{c*}q^{c*} + [b - c_t^* - \eta_3(A - k_1)]\tau^{c*}q^{c*} \tag{7-22}$$

显然 $\pi_m^R + \pi_r^R + \pi_t^R = \pi^{c*}$，也就是说，若以目标函数最大化为引导，选择合理的参数 η_1，η_2 及 η_3，就能达到供应链系统最优。此时经过契约协调后，供应链参与各方利润均不低于各自在非合作分散决策下的利润，因而供应链各方均会接受这种契约协调机制。对于供应链正向传递过程来说，制造商可通过降

低产品的批发价格、让利促进供应链销量的增大，也就降低了销售价格；对于供应链回收传递过程来说，第三方回收商通过自身的努力扩大了产品的回收量，为制造商创造更多的可利用价值[41]，进而增大了整个闭环供应链系统的总利润。

7.4.3 数值仿真分析

为直观地表达物流成本的相关影响，对相关各参数赋值如表7-2所示，这里取 $k_2 = 0$，这是因为其物流可实现规模收益，该成本没有优化空间，所以其物流成本忽略不计。

表7-2 参数赋值

$c_m = 100$	$c_r = 50$	$A = 35$	$k_1 = 2$
$S = 20$	$r = 0.8$	$\beta = 5$	$k_2 = 0$
$\Delta = 44$	$\varphi = 1\,000$	$c_0 = 3\,000$	

7.4.3.1 物流成本变化对回收率和总收益的影响

在合作博弈中，从式（7-6）和式（7-8）可知，回收率、总收益随着物流成本上升而下降，如图7-3和图7-4所示。

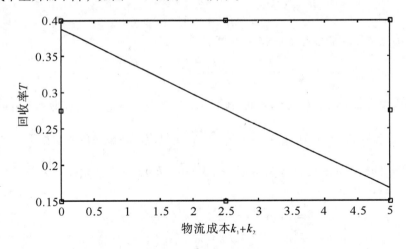

图7-3 回收率变化曲线

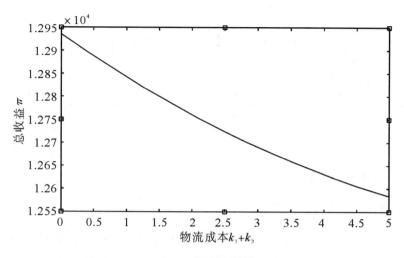

图 7-4 总利润变化曲线

7.4.3.2 合作博弈与非合作博弈的收益值

编制 MATLAB 程序，计算得合作博弈、非合作博弈时的对照结果，分别见表 7-3、表 7-4，显然合作博弈时的总收益更优[42]。

表 7-3 合作博弈时的计算结果

q	τ	c_t^*	π
126	0.073	3.5	12 761.0

表 7-4 非合作博弈时的计算结果

q	τ	π_m	π_r	π_t	π
126	0.073 3	6 282.1	3 157.1	16.1	9 455.3

7.4.3.3 社会协调契约的实施结果

从式（7-20）、式（7-21）和式（7-22）中可得，η_1，η_2，η_3 满足下面约束：

$$\begin{cases} \eta_1 pq + \tau q - 37\eta_1\tau q \geqslant 6\ 282.1 \\ (\eta_2 p - 100)q - 37\eta_2\tau q \geqslant 3\ 157.1 \\ \eta_3 pq + (35 - 3.5 - 37\eta_3)\tau q \geqslant 16.1 \\ \eta_1 + \eta_2 + \eta_3 = 1 \end{cases}$$

这里 $\eta_1 = 0.83$，$\eta_3 = 0.16$，$\eta_2 = 0.01$，得出社会协调契约下的计算结果，见

表 7-5。

表 7-5　社会协调契约下的计算结果

p	q	τ	c_t^*	π_m	π_r	π_t	π
149	255	0.298	3.5	6 316.5	3 698.3	2 745.7	12 761.0

比较表 7-3 和表 7-5 的结果，社会协调契约实现了整体运作的优化，回收率从 7.3% 上升到 29.8%，相关各方的收益都得到了显著的增加[43]，实现了协调共赢的社会目标。

7.4.4　结束语

本章以第三方回收商为钢铁回收主体，就钢铁制造商、销售商以及第三方回收商所构成的三级供应链的结构模型展开剖析讨论，提出了社会契约可对供应链闭环系统进行协调整合，通过合作集中与非合作分散决策的对比分析，得出如下结论：

（1）在废钢铁回收供应链中，非合作分散决策下最优的产品销量及第三方回收水平均低于合作集中决策下相应的销量及第三方的回收水平，非合作分散决策下闭环供应链的系统最优利润低于集中决策时相应的系统最佳利润，即非合作分散决策降低了整个供应链的收益。

（2）回收率是产品的残值 S、再制造率 r 的增函数，即呈正相关关系。要求从产品源头——产品生命周期设计产品，完善其零部件的标准化、模块化、绿色化，提高产品的回收利用价值。

（3）引入了"收益共享"的契约机制，并通过算例说明了契约机制的有效性，解决了废钢铁回收中的机制设计问题，为废钢铁回收体系的完善提供了必要的指导。

（4）大力推广互联网、物联网等技术手段，从源头做起，实现收、储、运高效结合和过程监管，提高回收效率。国家应该大力推动公益回收的发展，推动绿色公益回收平台的建设。

（5）加强城镇化建设，加速废钢铁的集中处理，借助智能化信息手段提高完善基于社区、校区等消费者的回收体系，缩短与消费者的回收距离。

（6）政府应强化对居民消费者回收观念的引导，着力宣传环境保护从身边做起的理念，尤其要普及废旧物品等废弃物对环境、人体健康的潜在性危害，营造良好的环境保护、资源回收再利用的社会氛围，协同各民间环境保护组织主动参与到社区废品回收基础设施的建设当中，等等。

（7）完善资源回收渠道，政府统筹建立回收利用体系。完善社会消费品资源回收渠道，针对钢铁、家电、消费电子产品等，加快落实生产者责任延伸制度，引导生产企业建立逆向物流回收体系；依托生活垃圾分类制度，进一步规范小型废钢回收经营者回收、分拣行为，加快构建废旧物资循环利用体系，推进垃圾分类回收与再生资源回收"两网融合"。

（8）强化对废钢铁产业链的监控。企业内部要设立一套完善的管理机制，约束员工的行为，特别是在钢材原料管理上，要有一套严格的制度，合理利用回收原料，避免资源的浪费。此外，国家要加大政策扶持力度，鼓励钢铁企业，特别是规模较大的电炉钢生产企业向上游延伸产业链，拓展废钢分选、废钢加工业务，有利于钢铁企业从源头增加废钢资源的吸纳和处理量。提升废钢质量，更好地促进废钢回收加工的产业化、规模化，为我国废钢铁的回收利用创造有利的环境。

（9）加强企业间的密切合作，扩大回收企业规模。由于我国废钢铁回收加工企业的设备大多落后，技术不先进，制约着我国废钢铁加工业的发展壮大。基于此，企业要积极引进国外先进技术方式，结合本企业的发展特点，提高自身的生产技术水平，进而扩大规模，使企业成为具有现代化生产、管理技术的加工中心。另外，废钢回收企业应与大型钢铁企业加强合作，使钢铁企业大力推动废钢配送体系的建立，钢厂通过与废钢配送企业开展多种方式的战略合作，实现对废钢加工、分选的无缝衔接，确保废钢的正常有序利用。

（10）优化废钢配送体系。目前我国钢铁企业回收废钢，基本都是采用小而全的模式，钢铁企业自己回收、采购、加工、应用，基本上一条龙服务。故在废钢循环利用方面，政府应鼓励建立大型的废钢回收加工处理配送中心，对辐射区域的废钢进行集中采购，促使区域内的钢铁企业实施统一配送，发挥政府的主导作用，从而快速地达成降低成本、增加库存、稳定市场、控制污染等目的。

第8章 天津钢铁产业转型升级的驱动路径

供给侧结构性改革是顺应和引领世界经济发展新常态的重要创新措施,对我国结构性、体制性的问题产生决定性影响,是创新驱动国家发展战略的重要突破口。加快钢铁工业供给侧结构性改革的步伐,对于助力钢铁产业的高质量发展有着重大意义。

8.1 钢铁产业链一体化进化博弈

钢铁产业的良性健康发展需要上游和下游各个企业共同进步,这是一项同时具有复杂性、系统性和协同性的系统工程。通过产业链的一体化协同,才能建立合作开发创新体系,打造优秀的产业一体化生态环境。

8.1.1 钢铁产业一体化发展的效用

我国钢铁产业是典型的垄断竞争市场,一体化运作能带来的效应如下:

(1) 创建一流钢铁制造企业,增强行业的竞争力。

通过产业一体化的发展可以提高资源利用效率,促进社会生产力的提高,促进要素资源的集中流动,带动下游众多产业变革和社会化大分工[44]。

(2) 实现产业智能化发展,提升产品品质与档次。

钢铁制造行业一体化发展,会大大促进整个行业向现代化、智能化发展。长此以往,有利于解决钢铁行业中产能过剩的问题。上游制造企业也可以更精确地根据下游的实际需要确定生产计划。行业智能化的发展可以大大转换产品结构,更好满足用户需要。通过互联网实时交流平台,身处不同地区的钢铁企业可以汇聚在一起,共同解决下游企业的需求。

（3）节能减排，促进钢铁制造行业绿色健康发展。

产业的一体化发展会加速产业集中，更好地匹配下游的需求，从而提升产业规模，减少浪费。健全企业间的合作机制，行业内企业会用高标准要求自己，积极建设绿色市场，同时参与国内国际双循环流程。积极探索新的生产技术，在保证产量的同时可以降低污染排放量，保证环境与钢铁制造行业的和谐共生。

（4）利于处理行政区管理与跨区域治理。

在权力架构上既不搅乱已有的行政区管理体系，又可以把各地"小九九"纳入跨地区协同之中，避免地区间钢铁产业相互撕裂，从而形成区域发展合力。这样的一种"好的管治"，能够将成本共担与利益共享的平等互利原则自始至终得到贯彻，能够做到府际互信、平等协商，互相间建立了信任关系，就能够听得进对方的意见，也能够有所让步和调整，充满智慧而平等地处理地区之间的博弈关系和矛盾纠纷。

（5）易于形成可复制、可推广的一体化协调机制。

在行政区划不调整、现有的行政管理架构和权力保持基本不变的前提下，通过各种政策力量的引导，区域合作的不断去地域化和在不同区域里的再地域化，使现有管治体系进行了适应性调整。这样的过程就是管理尺度重组的过程，由此建立的管治，即地区之间的协同协调机制，能够带来实际或期望的经济利益和社会效应。

8.1.2 博弈学习理论

Maynard 和 Price 最早提出了演化稳定策略的基本概念并应用于生物种群进化的研究。Maynard Simth 指出演化稳定策略是这样一个策略，如果群体中所有成员都采取这种策略，那么在自然选择的影响下，将没有突变策略能侵犯这个群体。这一概念反映了系统局部的演化动态性质。在此基础上，演化均衡概念以及非对称情形下的演化稳定策略概念相继发展了起来。由于经典演化博弈一般考虑确定性系统，假定了选择动态满足收益单调性"突变"考察的是一次性事件。而经济学家认为，如果我们相信变异是真实的而且是会重复发生的现象，那么把它们包含在模型中似乎更合适，理论上的缺陷促使经济学家将研究重点转向随机系统。Foster 和 Young 在动态系统中考虑了随机因素并提出随机演化稳定概念，将演化稳定策略拓展到随机动态系统中。这些概念的提出使博弈学习理论的研究基础不断完善。

博弈学习理论以有限理性为基础，强调现实中个体并不是行为最优者，均衡是并非完全理性的参与人随着时间的推移寻求最优化这一过程的长期结果。典型的博弈学习模型包括参与者集合，各群体个人之间进行重复博弈。在博弈的任何时点上选择不同策略的个体在群体中都有一个概率分布与其对应，如果参与者（群体）知道这种状态且能够采取最大化行为，那么他们将选择一个最大化自己期望支付的最优反应策略。否则，他们会根据自己的信息对群体状态进行推断并据此做出决策。由于选择压力及参与者对成功行为的模仿，当期的成功行为在下期将会被更多的个体采用。

8.1.3 钢铁产业链一体化的进化博弈

进化博弈（evolutionary games）是一种研究系统发展演化的模型。进化博弈重点关注演化后的稳定状态，在钢铁产业链中，一体化发展不是同步的，也不是一蹴而就的，这是一个不断交互、不断调整、不断适应的主体行为过程，因此，本节采用进化博弈分析其发展机制，寻找建立它们稳定关系的策略[45]。

8.1.3.1 博弈模型的策略选择

假设在钢铁产业发展过程中，钢铁企业中一些（子群）S 与另一些（子群）C 进行博弈，它们的博弈策略有两种：一种以一体化发展战略为主导，致力于在供应链中与合作企业一起应对市场需求，这里称之为"一体化"策略 R；另一种没有树立一体化经营战略，着眼于独自发展的企业经营思维，这里称之为"非一体化"策略 T。博弈方策略的选择依赖于对企业成长阶段、技术水平、目标市场、收益以及风险加以权衡并采取相应的行为，这种选择不存在一个显性合约（强制性），也没有一个组织来设计或安排，而是根据达尔文的《进化论》自发选择并且针对实际情况及时调整自己的策略。

8.1.3.2 模型的赢得矩阵

有大量的研究表明，实施一体化战略对于产业上下游协同是最优的，亦即非一体化发展本身是低效的，实体企业中一些实力较强的钢铁企业和下游企业纷纷建立这种一体化关系。由于收益是策略选择后的结果，所以价值收益是策略选择的本质。

在赢得矩阵中，设 π_s，π_c 表示钢铁企业群选择"非一体化"策略的收益，这些收益都是通过独自经营从市场中所实现的收益，这是市场竞争状况的反映。ΔV_s，ΔV_c 为博弈企业方选择"一体化"策略所得到的溢价收益，是扣除一体化专用性投资后所增加的收益（见前述）。设溢价收益的总和为 $\Delta V = \Delta V_s + \Delta V_m$，它表示钢铁产业的共同利益。

$\pi_s + \Delta V_{cs}$，$\pi_c - C_{cs}$ 分别为 S 博弈方选择一体化、C 博弈方选择非一体化策

略时双方的收益，其中 ΔV_{cs} 表示 S 方实施一体化策略时所带来整体利益的增加值，此时 S 方的收益比双方都选择非一体化策略时要多，是他们选择一体化行为的犒赏；C_{cs} 表示 C 方没有选择采取一体化所带来的机会成本的损失，再加上钢铁行业是一个垄断竞争市场，即一方利润的增加就会带来另一方收益的减少（C_{cs}）。同理，$\pi_s - C_{sc}$，$\pi_c + \Delta V_{sc}$ 分别为 S 方选择非一体化、C 方选择一体化策略时双方的收益，赢得矩阵如表 8-1 所示。

表 8-1　赢得矩阵

		群 C	
		一体化（R）	非一体化（T）
群 S	一体化（R）	$\pi_s + \Delta V_s$，$\pi_c + \Delta V_c$	$\pi_s - C_{sc}$，$\pi_c + \Delta V_{sc}$
	非一体化（T）	$\pi_s + \Delta V_{cs}$，$\pi_c - C_{cs}$	π_s，π_c

8.1.3.3　模型的求解

假设：在长期的进化过程中，S 方选择一体化策略的比例 $x_1 = x$，自然选择非一体化的比例 $x_2 = 1 - x$；C 群选择一体化行为比例 $y_1 = y$，选择非一体化行为比例 $y_2 = 1 - y$，则 S 群采用一体化策略时的适应度为

$$f_s(R,\ J) = y(\pi_s + \Delta V_s) + (1 - y)(\pi_s - C_{sc})$$

S 博弈方采用非一体化策略时的适应度为

$$f_s(T,\ J) = y(\pi_s + \Delta V_{cs}) + (1 - y)\pi_s$$

博弈方 S 的平均适应度为

$$\overline{f_s} = x f_s(R,\ J) + (1 - x)f_s(T,\ J)$$

因此，博弈方 S 选择一体化策略的重复动态方程为

$$\frac{dx}{dt} = x\left[f_s(R,\ J) - \overline{f_s}\right]$$

$$\frac{dx}{dt} = x(1 - x)\left[(\Delta V_s - \Delta V_{cs} + C_{sc})y - C_{sc}\right] \qquad (8-1)$$

同理，博弈方 C 选择一体化行为的重复动态方程为

$$\frac{dy}{dt} = y(1 - y)\left[(\Delta V_c - \Delta V_{sc} + C_{cs})x - C_{cs}\right] \qquad (8-2)$$

方程（8-1）和方程（8-2）刻画了系统的群体动态变化。基于 Friedman（1991）给出的方法，该系统在平面 $\{(x,\ y) | 0 \leqslant x,\ y \leqslant 1\}$ 上的局部均衡点有 5 个，为 $O(0,\ 0)$、$A(1,\ 0)$、$B(0,\ 1)$、$C(1,\ 1)$ 和 $D(x_D,\ y_D)$ 其中：

$$x_D = \frac{C_{sc}}{\Delta V_s - \Delta V_{cs} + C_{sc}}, \qquad y_D = \frac{C_{cs}}{\Delta V_c - \Delta V_{sc} + C_{cs}}$$

在这 5 个局部平衡点中，仅有 O，C 两个是进化稳定策略，分别对应两个博弈群体同时实施一体化或者非一体化策略，该系统还有两个不稳定均衡点 A，B，及鞍点 D。

图 8-1 刻画了两个群体博弈的动态演化过程，A，B 及鞍点 D 连成的折线为临界线，即折线的右上方（区域 ADBC）收敛于一体化；在折线的左下方（区域 ADBO）收敛于非一体化。

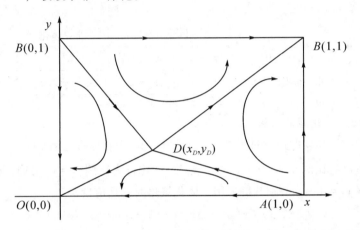

图 8-1　系统动态演化相

8.1.3.4　钢铁企业协同进化结果分析

从图 8-1 可知，①系统演化博弈的结局可能是完全一体化，也可能是非一体化（原地踏步），如何发展取决于博弈的赢得矩阵；②在某种机制引导下（诸如行业政策），系统演化发展与博弈发生时的初始状态有关。

用 δ_s，δ_c 来表示两个群的贴现因子，且 $0 \leqslant \delta_s$，$\delta_c \leqslant 1$，贴现因子可诠释为博弈方对未来演化产生的超额利益的重视程度，根据罗宾斯坦定理（Rubinstein，1982），演化博弈的结果为

$$\Delta V_s = \frac{1 - \delta_c}{1 - \delta_s \delta_c} \Delta V \qquad \Delta V_c = \frac{\delta_c (1 - \delta_s)}{1 - \delta_s \delta_c} \Delta V$$

$$x_D = C_{sc} / \left[\frac{1 - \delta_c}{1 - \delta_s \delta_c} \Delta V - \Delta V_{cs} + C_{sc} \right] \qquad y_D = C_{cs} / \left[\frac{\delta_c (1 - \delta_s)}{1 - \delta_s \delta_c} \Delta V - \Delta V_{sc} + C_{cs} \right]$$

从上式可看出，影响系统演化结果的变量为：超额利润 ΔV、博弈各方为一体化策略所付出努力成本、双方的贴现因子 δ_s，δ_c。若 $\Delta V_s < \Delta V_{cs}$，那么 x_D

的分母小于 C_{sc} ，亦即 $x_D > 1$ ，这样 $D(x_D, y_D)$ 不在相平面内，实际博弈不会出现；同理 $\Delta V_c < \Delta V_{sc}$ 也不会发生，所以只考察 $D(x_D, y_D)$ 在相平面内的情形。

（1）企业倾向一体化会产生超额利润 ΔV ，见图 8-1，当发生的超额利润越大时，ADBC 区域的面积也将越大，系统演化到均衡点 C 的概率增加。在策略实施中，要求钢铁企业要密切关注市场需求，提高其产品的附加值，保证产品和服务及时准确地传递，以追求一体化价值最大化。

（2） C_{cs} ， C_{sc} 越小，见图 8-1，ADBC 区域的面积也越大，从而系统演化到 C 点的概率越大，博弈双方就越愿意采用一体化策略；同理， C_{cs} ， C_{sc} 越大，ADBC 区域的面积变小，系统演化于 C 点的概率就会越小。

（3）贴现因子 δ_s ， δ_c 越大，表明未来博弈收益对其效用增大，而当贴现因子越小时，博弈方更重视眼前利益。从图 8-1 可得， δ_s ， δ_c 值越大，折线上方的面积就越大，系统演化到 C 点的概率就越大。

8.1.4 天津钢铁发展的产业战略

在京津冀协同发展的大背景下，京津冀产业一体化发展变得尤为重要。根据相关政策文件，北京、天津与河北的产业定位以及未来发展方向已经确定：北京的主要任务是进行相关的科技成果创新，主要进行相关高精尖技术的研发；天津的主要任务是优先发展高端制造业以及相关信息产业；河北的主要任务是积极对接北京的相关制造业产业转移以及积极转化北京与天津的科技成果。

钢铁制造产业是天津、河北两地重合度较高的行业，在实际生产过程中存在着严重的竞争，天津钢铁制造行业一体化设计是顺应时代发展且必须进行的。天津应优化发展先进制造业，延伸钢铁产业链的宽度和深度。钢铁工业要积极地由劳动密集型产业向技术密集型产业转型，多方面立体化发展。京津冀三地要不断推进协调、信息共享、资源共享机制，建立完善的、经济的、可持续的产业成果分享政策。不断完善相关法律法规，建立更加便利的跨区域投资机制。政府要向这方面积极努力探索，为京津冀一体化发展创造更加便利的配套环境。

8.2 天津钢铁产业供给侧结构性改革的初级驱动路径

贯彻供给侧结构性改革理念，天津钢铁产业应从"产能去化""质量溢价"和"产业创新"探索其驱动路径，如图 8-2 所示。

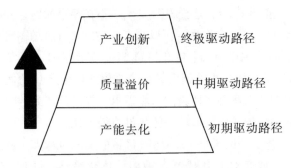

图 8-2　钢铁产业供给侧结构性改革驱动路径

改革开放以来，我国钢铁制造行业飞速发展，但是在发展的同时，也出现了许多问题。首先，钢铁制造产业规模的无序增长以及钢铁企业对市场的盲目自信，导致我国钢铁行业产能过剩问题非常严重，产能过剩导致了我国钢铁价格长期处于较低水平，久而久之导致了行业利润率的下降。其次，虽然我国钢铁企业规模非常庞大，但大量钢铁企业只是中小企业，行业集中度很低。较为分散的产业布局也给市场带来了巨大的竞争压力。无序的竞争不利于钢铁行业的健康发展。再次，行业中存在大规模的中小企业，这些企业主要生产低端产品，导致市场中高技术和高质量的产品供应不足[46]。最后，我国大部分钢铁企业只关注自己主营业务相关内容，而不积极参与产业纵向一体化进程，如产业链上游的煤炭、采矿、电力、贸易等，产业链下游的钢铁深加工等。这样将会带来两个后果：一方面钢铁企业没有完全实现纵向一体化，钢铁企业对上游原材料供应商的议价能力始终保持在较低水平，同时，对下游采购商的议价水平也比较低，这就导致了上游原材料价格居高不下，下游产品价格一直较低；另一方面，钢铁企业纵向一体化进程较慢也会大大延缓钢铁企业科技创新的速度。

8.2.1　钢铁产业产能去化的现状

在 2016 年年初发布的《国务院关于钢铁行业化解过剩产能实现脱困发展的意见》中明确指出：要积极放弃落后的钢铁制造技术，争取五年内粗钢产能下降 1 亿~1.5 亿吨，彻底出清危害行业多年的"地条钢"1.4 亿吨以上。在钢铁行业结构性改革之下，2015—2019 年，全国钢铁去产能状况良好，提前两年完成钢铁行业去产能目标。到 2017 年 10 月，1.4 亿吨"地条钢"产能已经出清。国家发改委在年初的新闻发布会上表示，2021 年粗钢产量压减工作将在充分考虑"双碳"目标以及保证钢铁行业平稳运行的基础之上进行。

在保证钢铁行业供给侧结构性改革的连续性和稳定性的同时，确保粗钢产量按照预期目标稳定下降。

虽然钢铁行业在去产能这一目标下取得了良好的成效，但是依然存在着一些问题急需解决。而且随着钢铁行业去产能取得成功，钢铁行业的经济效益也得到了提高[47]，这就让相关地方政府和企业重燃对钢铁行业投资的冲动，这种情况极大地威胁了去产能成果的巩固。国家统计局相关数据显示，2021年前两个月，全国生铁、粗钢和钢材的产量同比增长6%、13%以及24%。通过对数据研究发现，钢铁产量自2020年下半年就已经开始快速增长，深入剖析其原因，一部分是由于复产复工影响下钢铁行业恢复生产；另一方面是在去产的目标之下，钢铁行业进行相关技术改进从而提高了生产效率。从宏观数据表面上来看，是逐渐恢复的社会市场对钢铁需求的增加，推动了钢铁产量，但其本质是相关钢铁企业对于市场的盲目自信导致的。这不仅违反了国家所制定的"2021年钢铁产量、产能双下降"目标，而且还可能引发新一轮的钢铁行业供需失衡。

8.2.2 钢铁产业产能去化的国际经验借鉴

8.2.2.1 美国

美国钢铁产业去产能主要侧重于政府宏观调控、企业兼并重组、大幅提升管理效率和节能减排等方面。

第一，政府要进行正确的宏观调控。美国从20世纪50年代开始就已经建立了钢铁企业产能和利用率的数据库，保证政府相关部门能实时监控相关企业的发展。同时也可以为政府决策部门提供相应的数据支撑，通过大量的数据揭示，美国政府可以在不同的时代背景之下，提出不同的政策意见。

第二，企业间的收购兼并和重组。在市场中美国政府并不介入相关企业的兼并重组当中，而是由相关企业和投资者运用市场力量进行。进行企业的兼并重组，可以达到淘汰落后企业、提高全行业产能和技术集中度的目的。通过落后企业申请破产保护，降低产能，退出市场以及幸存企业自发进行联合或者由相关龙头企业进行合并来达到相关技术和资金在行业内的集中，在这过程中美国的钢铁行业得到了快速发展。

第三，大幅度提升管理效率。先进的企业管理曾给美国钢铁产业带来辉煌。以美国纽柯钢铁公司为例。20世纪90年代，年钢铁产量为六百万吨时，员工有五千余人，总部决策层却只有二十一人；2004年，产量突破一千九百万吨时，总部人员也只有五十余人。在纽柯钢铁公司中，集团总部和一线工厂的责任与分工十分明确，一线总部主要负责公司内部重大事件的决策，以及对公司未来发展的统筹规划，还主要负责公司的财务状况。而一线工厂主要负责根据总部下达的决策命令进行生产，保证公司目标的顺利实现和所生产产品的质量。庞大的生产团队以及精炼的决策队伍，可以大大提高公司的决策速度和决策质量以及生产效率。在面对突发重大问题时，公司可以有较快的反应速度，从而遏制损失的发生，进而同比其他行业可以较好地控制企业相关成本，提高企业的核心竞争力。

第四，减少污染排放量，促进行业绿色发展。钢铁制造行业虽然说是经济社会建设的基础行业之一，但是它对环境的破坏依然需要引起国家的重视。如何在保证钢铁产量的同时，减少污染排放量，促进行业绿色发展，是每一个国家在发展钢铁行业时都不得不去考虑的问题。为减少环境污染、促进节能减排，美国采取了一系列措施以提高能效。在提高能效的过程中，美国政府制定了更加严格的法律法规，强制高能耗、高排放的落后钢铁制造企业加速退出市场，同时，通过增加设立相应的税款，让企业为尾气排放的废弃物纳税，通过这一系列措施，倒逼企业进行改革，促进全行业的绿色发展。

8.2.2.2 日本

日本钢铁产业去产能主要侧重于兼并重组、关停落后设备、促进技术升级和出口重心转移等方面。

第一，在第二次世界大战以后，日本钢铁行业经历了多次兼并重组，其中最著名的是1970年、2002年和2001年的三次大规模并购重组。通过有计划的兼并重组，可以对钢铁制造企业进行集中化的设备改进，优化相应的制造技术，同时，减少废料的排放，降低了生产成本，极大地提高了钢铁行业集中度。一系列的操作使得日本钢铁企业在国际市场中的竞争力大大提高。

第二，关停落后设备，优化生产，提高效率。在1970年新日铁成立以后，公司陆续关闭了一批技术落后的设备，将先进的生产力主要聚集在新建的拥有先进设备的钢铁企业上。这一系列操作使得员工数量大幅度减少，生产效率、成本竞争力都有了质的飞跃。

第三，促进技术革新。日本钢铁企业的先进技术主要依赖于欧美发达国家相关技术的引入。从1961年开始，日本钢铁产业设备投资以及研究开发产业明显增加，日本在沿海城市建立了一批大型钢铁企业。20世纪70年代，日本钢铁产业R&D支出和技术人员人数呈快速上升趋势，20世纪80年代，日本钢铁技术反超欧美等发达国家，90年代日本从技术引进转向基础技术以及高精尖技术研究。通过这一系列发展，日本钢铁企业整体设备技术水平和生产效率得到了飞速发展。

第四，通过转移出口重心来巩固国际地位。日本钢铁产业经过前期的不断发展，其钢铁制造成本大大降低，在低成本的同时也保证了高质量和钢铁产品的多样化，这也使得日本钢铁产品在国际市场上占据了重要地位。但是在石油危机爆发以后，由于发达资本主义国家对钢材需求量大幅减少以及运费的提高，日本企业不得不将重心转移到东南亚等发展中国家。1990—2007 年，东南亚等国家占日本钢铁出口总量的 80%。随着时间的推移以及中国、韩国等钢铁制造企业加入亚洲市场，亚洲市场竞争变得尤为激烈，日本钢铁企业也从出口低端产品到出口高端产品进行转型，以巩固自己的国际地位。

8.2.2.3　德国

德国钢铁产业去产能主要侧重于资产重组和产能调整、技术改革与创新、综合利用及可持续发展等方面。

第一，兼并重组形成高度集中的生产局面。德国为了减少产能，不断进行资产重组和产能调整。例如，蒂森-克虏伯钢铁集团在 1964 年时由 14 家钢铁公司组成，1994 年合并为 4 家，到了 2004 年减少到只剩 2 家。钢铁企业通过兼并和集中的方式提高了决策能力和市场竞争力，从而更加灵活地面对高速变化的市场。

第二，技术改革与创新。20 世纪 70 年代中期以后，西方国家钢铁产业的不景气加剧了市场竞争程度。为了能在竞争激烈的市场环境中顺利发展不被淘汰，必须进行相应的技术创新，以达到降低成本、提高竞争力的目的。因此，德国加快了钢铁冶金技术发展步伐。据有关统计，德国在炼铁、炼钢和轧钢等技术领域获得专利的数目比其他西欧国家的总数多一倍以上，从侧面反映了德国钢铁产业的科技水平。

第三，综合利用及可持续发展。随着德国钢铁技术逐渐步入世界前列，德国钢铁企业也逐渐重视生产对环境的影响以及企业的可持续发展。德国企业主要从节能减排和改进冶炼技术两方面实现可持续发展。德国工业界于 2000 年组成一个名叫 BDI 的志愿联盟，向德国政府承诺以 1990 年为基础，到 2012 年以前每生产 1 吨粗钢，CO_2 排放量为 2%。在 2004 年，接近百分之十五的德国钢铁企业达到了这一目标。德国政府提出，到 2020 年削减相当于 1990 年 CO_2 排放量的 40% 之后将继续减排，到 2030 年减排 55%，2040 年减排 70%，2050 年减排 80%~95%。

8.2.3 钢铁产业产能去化的路径分析

8.2.3.1 降低产能和产量，加速淘汰落后产能

降低产能与产量是化解过剩产能最简单、最直接有效的方法。想要根本性解决过剩产能问题，关键是淘汰落后产能。落后产能不仅是产能过剩的主要来源，而且会阻碍先进生产力的发展，给经济发展的质量效益带来不利影响[48]。

我国钢铁制造企业虽然数量众多，但是发展水平差距非常大，大量的钢铁制造企业只是中小型企业。这类企业往往只能生产低端钢铁产品，而且并不注重企业的社会责任感，环境保护意识相对较低。这些小型企业在面对政府减产的相关政策压迫下，要及时进行相关技术改进，引入先进技术和设备，淘汰落后产能，否则就会被逐出市场。通过采取节能环保倒逼的方式，淘汰一批技术落后、污染排放量大、市场竞争能力弱的钢铁企业。

8.2.3.2 加速钢铁行业的转型升级，将过剩产能进行优势性转换

产能过剩问题从根本上来讲是结构性问题，是整个社会供需失衡的问题。因此如果想化解产能过剩这个问题，就要求相关的钢铁企业进行及时的转型升级并且调整生产结构。同时政府要积极推进钢铁制造行业的供给侧结构性改革。落实好"三去一降一补"重点任务，其最终着力点还是要放到转型升级上面。从企业角度来看，企业要积极进行转型升级，积极推进供给侧结构性改革，真正满足市场需求，通过改善管理来提升质量效益，这样才能真正地帮助企业改善产能过剩这一问题。

对于产业的转型升级，一方面要促进结构优化，改善供给；另一方面，钢铁企业要加大技术创新研发经费的投入，组织相应专家进行科研创新，同时多派专家赴国外进行交流学习，积极将国外钢铁制造行业先进技术吸收融合到国内，增强企业竞争力。同时，加强管理，在制度、组织、管控模式、生产要素优化配置、产业链整合以及人才等方面创新发展，努力提质增效，积极推进企业由传统产业向战略新兴产业转型，由生产型向生产服务型转变，化过剩产能为优势产能。

8.2.3.3 通过实质性的兼并重组，着力提升钢铁产业集中度

近年来，我国钢铁制造行业集中度相对比国外企业依旧在低水平徘徊，2001—2012年，CR4一直维持在15%22%，而同时期国际平均水平保持在80%左右。2000—2010年，我国钢铁企业数量增长高达四倍，大量低端钢铁制造企业进入市场，较多的低端企业和较少的行业龙头企业成为阻碍我国钢铁制造产业集中度提高的主要原因。

现阶段，我国钢铁企业虽然规模较大，但其中存在大量规模很小、基础设施不完善、环保意识不强和生产水平较低的小企业。这些小企业生产的产品同质化严重，加剧了市场的无序竞争以及产能的过剩。为此钢铁制造行业必须进行相应的兼并重组，淘汰落后的生产工艺和生产设备，提高钢铁行业的技术集中度，促进企业及整个产业进入新的发展阶段。

通过产能重组化解产能过剩是国外的成功经验，也是我国当前化解产能过剩的重要手段之一。我国钢铁产业的兼并重组已实施多年，既有成功经验，也有失败案例。在我国实施企业间的整合重组必须面对两个现实问题：一是地方政府干预，二是企业所有制限制。企业实质性的兼并重组应杜绝盲目性，无条件的盲目兼并重组会导致运营成本增加，阻碍企业未来的发展。产业集中度提升，不仅是实现企业战略的一部分，更可以提高钢铁企业的科技水平，淘汰落后产能，大大提高钢铁企业的生产效率和市场竞争力。另外，企业兼并重组应重视过剩人员的安置问题。就我国情况而言，通过发展第三产业解决钢铁产业过剩人员安置问题是可考虑的有效途径。

8.2.3.4 驱动构建钢铁产业链上下游纵向一体化

在横向兼并重组去产能的同时，可考虑驱动构建钢铁产业链上下游纵向一体化。钢铁产业的上游产业主要包括采矿业、炼焦业和辅助性产业等。钢铁企业对上游企业的一体化首先可以保证铁矿石、焦炭等原材料的稳定供给，从而保证企业的生产正常进行；其次，可以增强企业在钢铁产业内的市场势力，当钢铁企业的规模变大时，其在产业内部的话语权也更多；最后，对上游企业的并购可以使钢铁企业对上游产品有一定的定价权。钢铁产业的下游产业包括汽车、机械、建筑、铁路、造船、家电、炼油和集装箱制造等。钢铁企业对下游产业的一体化首先可以提高产品的附加值，由于钢铁产业的利润率较低，各大钢铁企业也纷纷希望涉足利润率高的下游钢铁深加工产业，以弥补主业盈利能力的不足；其次，钢铁企业可以获得在产业内的市场势力；最后，钢铁企业对下游产业的一体化可以稳定下游市场。

钢铁企业对上下游企业实行纵向并购有助于企业形成规模经济，节约成本。钢铁企业可以通过并购上下游有关企业来实现企业纵向一体化发展，这种模式的优点是速度快、效率高。另外，钢铁企业可以通过与上下游产业内的公司合资新建企业的方式实现纵向一体化。这种方式的优点是可以规避各种进入壁垒，同时可以利用出资企业的技术优势。企业纵向一体化发展，可以保证企业原材料获取的稳定性，长此以往会大大降低企业的生产成本，从而获得市场势力并消除对方市场势力，保证产品销售的稳定性和技术创新，促进企业发展壮大。

8.2.3.5 充分发挥市场机制作用

在解决我国钢铁制造行业产能过剩和推动钢铁行业供给侧结构性改革这一过程中，政府与市场是互补的关系，优化政府-市场的关系，就是要明确两者之间的交界点。一方面，政府在解决钢铁制造行业产能过剩问题上起着关键性作用，政府要将这一问题视为自己的政府职能，要根据需要制定符合当地钢铁行业自身情况的政策和意见。政府要积极推进钢铁制造行业供给侧结构性改革，减少政府对市场的直接干预，积极做好宏观调控以及在面对系统性风险时要提出针对性、建设性意见。另一方面，要充分发挥市场的主动调节机制，政府"有形的手"要避免伸得过长。

充分发挥市场机制的调节作用，加快构建功能型产业政策体系。一是打破垄断，强化市场竞争。通过提高市场透明度、打破区域垄断，保证先进技术和强大的商业模式得以推广，增加产业集中度，降低重复建设造成产能过剩的可能。二是建立和完善公开、公平、公正的市场秩序。

8.2.3.6 建立健全法治体系

政府对行业的管理行为要在相关的法律框架下进行，只有拥有了完善的法律法规，才不会出现诸如政府过度干预或政府监管空缺的问题。只有建立了健全的法制体系，才能对产业进行有效调控，优化结构促进其升级。如果产业调控不受法律原则制约，那么很难保证政府制定的产业政策可以获得理想中的结果。

在我国钢铁产业的法律领域，同样需要法律的"体系化"。现行钢铁相关法律规定大多体现在规章或规范性文件中，冲突矛盾多，缺少权威性的基本法律法规对其予以体系化整合。我国钢铁产业发展实践中的法律需求与法律供给仍然存在较大差距，为弥补现行法律体系的结构性缺陷和缺少的统一的理念基础和制度框架，急需政府制定完善的钢铁行业有关法律法规，促进钢铁产业健康、协调、可持续发展。

8.2.3.7 支持钢铁产业向国际市场进军

自改革开放开始，我国钢铁制造行业经历了四十多年的发展，市场规模不断扩大，已经可以完全满足自身需求，并逐渐发展为钢材的净出口国，出口总量占贸易总量的比例也在呈逐年上升趋势。但是由于上文所述的各种原因，我国目前钢材产品出口依然以低端产品为主，高端产品制造量明显不足。与此同时，伴随着亚洲其他国家逐渐进入世界钢材市场，国际市场中钢材价格竞争愈加激烈，市场摩擦时有发生。许多国家为保护本国钢材企业，对中国钢材企业采取相应的限制或反倾销措施，这就要求我国钢材企业要积极进行转型升级，积极进军高端产品制造领域，加大高端钢材产品研发的经费投入，升级换代国内钢铁产品；同时也要积极开拓海外建厂再发展之路。

"一带一路"沿线许多国家都存在着工业化起步较晚、程度较低的问题，这些国家工业化、城镇化任务较重，对钢铁产品需求量大，但本国的钢铁生产相对规模较小，存在供需缺口。尤其是东南亚国家，近年长期保持较高的经济增长，这给我国钢铁企业提供了较大的投资空间。而且"一带一路"沿线许多国家与我国地缘优势明显，劳动力成本较低，我国企业融入当地的障碍较少，因此，这些国家是我国钢铁企业"走出去"的理想目的国。

8.3 提升产品质量是天津钢铁产业供给侧结构性改革的中期驱动路径

质量因素会推动产业健康可持续发展。从理论角度出发，无论什么行业都会经历由无序增长到集中式发展的进步，从规模增长到高质量增长的转化过程。在这一行业进步的过程中，质量因素变得愈加重要，逐步成为决定企业核心竞争力的关键因素。评价制造业产品质量主要从企业生产的产品质量，产品所具有的技术含量以及产品所提供给顾客的附加值大小等层面进行。随着经济社会不断发展和消费者需求的不断升级，产品质量成为企业首先要关注的问题，如何提升企业核心产品竞争力是企业进行发展时首先要考虑的因素。著名经济学家周其仁提到，现在生产的很多产品，若品质有所改善，跟上迅速崛起的中产阶级对于品质和时间等的消费需求[49]，就会提升产业链的有效需求。

8.3.1 质量溢价率

就表8-2中所列的世界各国制造业质量溢价率来看，美、德、意、日等世界发达制造业国家产品溢价率十分的高，代表了这些国家所生产的产品在国际市场中具有良好的质量形象，产品往往可以以更高的市场价格进行出售。2012—2018年，制造业质量溢价率的发展态势整体向好，反应为反复波动提高，发达国家的数值显著高于发展中国家。2015年，美、日、德、英、意的制造业质量溢价率分别为0.366、0.369、0.379、0.402和0.326；2018年，美、日、德、英、意的制造业质量溢价率分别为0.518、0.462、0.607、0.463和0.501，年平均增长率分别为12.3%、7.8%、17%、4.8%、15.4%。我国制造业质量溢价率由2015年的0.057上升为2018年的0.398，年均增速高达

91.1%，呈现出良好的上升态势。从制造业质量溢价率的总表来看，欧美等老牌工业制造业强国产品溢价率要大于一般的发展中国家。美国、德国、英国等老牌工业国家在制造业领域有十分巨大的优势，它们掌握着高端技术，同时还有着完整成熟的产业链，生产的产品在兼具质量的同时还能具有较高的产品附加值[50]。所以这些国家生产的制造业产品在保证价格的同时也能提高销量，长此以往可以实现非常高的市场收益。日本以提供高质量的产品而著称，制造业产品质量稳定性是日本制造业得以在国际市场立足的根本保证。中国等发展中制造业大国的产品主要依赖于技术模仿和外资引进，虽然说从面上数据来看在国际制造业市场中占有一席之地，但是其深层次的问题依然很多。

表 8-2　2012—2018 年世界主要国家制造业质量溢价率

国家	2012 年	2013 年	2014 年	2015 年	2016 年	2017 年	2018 年
中国	-0.064	0.128	0.12	0.057	0.279	0.356	0.398
美国	0.215	0.231	0.357	0.366	0.374	0.474	0.518
日本	0.612	0.547	0.307	0.369	0.441	0.453	0.462
德国	0.475	0.574	0.419	0.379	0.581	0.593	0.607
英国	0.382	0.39	0.371	0.402	0.442	0.456	0.463
意大利	0.393	0.552	0.563	0.326	0.469	0.472	0.501
奥地利	0.434	0.372	0.432	0.426	0.424	0.43	0.433
韩国	0.211	0.513	0.242	0.307	0.529	0.243	0.257
俄罗斯	-0.081	-0.137	-0.143	-0.152	-0.172	-0.185	-0.192
印度	0.047	0.238	0.047	0.103	0.218	0.227	0.285
巴西	0.239	-0.002	-0.065	-0.07	0.042	0.03	0.038
南非	0.385	0.417	0.163	0.28	0.21	0.3	0.327

8.3.2　钢材产品质量的现状及问题

"今天的质量，明天的市场"，产品质量的优劣决定了中国钢铁企业的口碑信誉与可持续发展。顺应国家高质量发展导向以及消费者对于产品品质的内在需求，我国钢铁产业在质量效益方面的表现也呈现出良好的上升态势。中国钢铁工业协会数据显示，2015—2019 年，我国钢铁行业共有五十余项产品质量达到全球先进水平。但总体来说，仍然存在一些问题。

我国钢材产品在质量方面存在的问题主要有以下两方面：一是产品质量不具有稳定性。当前，我国钢材产品存在的最突出问题是产品质量稳定性不高，高端产品质量稳定性、一致性亟须提高。这导致下游用钢企业对钢材产品性能判断不准，加工工艺出现偏差，出现质量问题，造成浪费，特别是在重点领域，这是我国钢材无法大规模进入高端领域的重要原因之一。二是部分产品质量亟须提高。在一些高精尖领域，我国所需要的钢铁产品依旧需要依赖于进口。比如大飞机起落架用钢、机械装备制造用高端轴承用钢、高速铁路用车轴及轴承钢、高铁钢轨养护整形设备用铣刀刀盘和刀片用钢等。

8.3.3 提升钢材产品质量的路径分析

从深层次进行分析，影响我国钢材产品质量的主要的问题是：传统理念的约束，监管的漏洞，标准的不明确；成熟的市场体系没有建立[51]，市场统一性较差；钢材企业的基本生产能力、质量管理能力急需提升。结合钢铁产业产品质量问题产生的原因与新时代钢铁产业健康发展的现实需要，需要从以下几方面提升钢材产品质量：

（1）推动钢铁产业重点领域质量攻关。

推动钢铁产业重点领域质量攻关，首先要加强钢铁产业内的基础性研究。要着力解决影响产品质量的关键因素。针对重点领域，组织相关专家重点攻克长期影响产品质量提升的关键技术，争取使重点产品质量达到国际一流水平。

（2）推进钢铁企业品牌体系建设。

钢铁制造企业在力争提升产品质量的同时，也要着重打造属于自己的品牌，努力提高自己的品牌知名度。钢铁企业可以带头建立相关的市场营销服务机构，开展相关的咨询推广业务。引导中小钢铁企业紧紧跟随龙头钢铁企业，同类产品向产品溢价率高、经济附加值高的产品集中。力争打造一批特色鲜明，质量良好的产品品牌[52]。同时钢铁企业也要积极融入国际市场，向国际市场推出自己的产品品牌，实施品牌经营和市场多元化战略，扩大本土品牌的国际影响力和知名度。

（3）强化企业质量主体责任。

钢铁企业要全面落实质量主体责任制度。产品的生产、流通、销售每一个环节都要有相应的负责人，建立健全产品溯源机制，对相应产品质量进行担保，在产品出现问题时，要立即召回。同时，企业还要建立完善的重大事故处理预案，充分考虑企业未来发展中可能面临的各种问题，切实保证企业生产的产品质量。

8.4　创新是钢铁产业供给侧结构性改革的终极驱动路径

创新驱动是实现钢铁产业由大转强的根本途径，是钢铁产业供给侧结构性改革的终极驱动路径，科技创新是产业发展的不竭动力。

对于我国钢铁产业而言，创新迫在眉睫。自主创新是钢铁企业在产能过剩背景下的最佳对策。从国内来看，经过几十年的发展，我国钢铁产业不仅是结构性过剩，而且总量过剩更加突出，整个产业到了必须转型升级的时期。从钢铁产品结构上来看，虽然我国粗钢产量占了全球一半左右，但是精钢的生产量仅仅占到世界市场的二十分之一，同时还存在着严重的附加值较低的钢材产能过剩问题。因此，企业要想顺利渡过去产能难关，就要借去产能契机，主动创新，实施技术升级改造，激发内生动力，提高产品竞争力。从国际来看，各国为保持竞争优势，相互间的技术封锁相当普遍。自主创新成为中国钢铁产业走出困境、重获生机的必然选择。而且，部分中国钢铁企业近年来的国际竞争力明显上升，有些技术工艺已达到国际先进水平，无法再采用过去那种跟随模仿的战术进行产业升级，只能走自主创新、自主研发的路径。

8.4.1　钢铁产业的创新发展

纵观我国钢铁冶炼技术体系的演化过程，实际上走的是一种缓慢渐进式的创新道路。到目前为止，虽然建立了自主创新体系，但很少取得突破性业绩。虽然我们已经成为世界第一大产钢国，但仍然缺乏系统性的具有自主知识产权的技术体系，更没有形成自己的完整的技术优势。

与国外相比，我国的钢铁产业技术创新模式存在的主要问题是企业的自主地位不够。过去，由国家主导的研究开发与企业生产脱离的科技体制制约了技术创新。到了 20 世纪 90 年代，当企业成为创新主体以后，钢铁产业的技术创新才有所加快。

近年来，我国钢铁产业研发能力明显增强。中国钢铁工业协会表示，钢铁产业科技研发经费投入占营业收入比重由 2015 年的 0.9% 提高到 2019 年的 1.3%；钢铁行业新产品销售收入由 2015 年的 6 629 亿元增加到 2019 年的 1.05 万亿元，产品创新升级成效显著。

总的来看，当前我国钢铁企业的自主创新能力，尤其是原始的过程创新和重大工艺创新能力还比较弱。即使在今天，一些先进的大型设备还需要直接进口，重大装备的对外依赖程度还比较高。但同时，随着我国钢铁产业技术创新能力的不断提高，发达国家也开始与中国一同合作开发更加高端的钢铁产品，甚至世界一流钢铁公司也会在中国建立研发中心。同时，这一变化趋势也展示出了市场经济条件下，技术创新与制造中心一体化的规律性。因此，在未来一段时期内，要真正实现由"钢铁大国"向"钢铁强国"的转变，就必然要加大自主创新力度，实现从引进、消化吸收、模仿、渐进式创新到合作创新和自主创新模式的转变，将中国建设成为钢铁产业的创新中心。

8.4.2 天津钢铁产业创新的路径分析

8.4.2.1 技术创新

从技术创新的对象选择来看，由于在长流程钢铁产业技术体系中，转炉炼钢和连铸技术的发展不仅趋于成熟，而且钢铁产业的主要污染和能耗、水耗均发生在炼铁系统中。熔融还原炼铁技术的"革命性"已初步体现出与传统的长流程炼铁技术相比的优越性。目前，已完成或正在进行工业规模试验的熔融还原炼铁技术，不仅可满足生产高质量铁水的需求，还可以实现吨铁能耗平均下降15%~20%。在理论上，由于不使用或大大减少使用焦炭，污染可减排70%以上。因此，未来技术体系的变革不仅应该也最有可能发生在炼铁系统中，即非高炉炼铁技术体系对高炉炼铁技术体系的替代。

从依靠技术创新推进钢铁产业循环经济发展的角度看，要针对存量，也就是加快在现有钢铁企业中推广先进技术，努力缩小与世界先进水平之间的差距；更重要的是，要加快引进和完善熔融还原炼铁技术，再次实现钢铁产业生产技术体系的变革，争取在新生产技术体系占主导的钢铁产业中占据领先地位。熔融还原非高炉炼铁技术体系属于钢铁产业关键共性技术，因此，国家应进一步明确钢铁产业技术创新的方向，加速对 Corex 和 HIsmelt 技术的引进、消化、吸收和二次创新的进程，加大试验开发和推广力度。

工艺装备是技术的载体，工艺装备水平体现着钢铁产业的技术水平。现代钢铁生产，从产品品种质量、节能、环保等各方面，都对传统的钢铁生产工艺提出了新的要求。以影响和制约产品开发、质量控制和生产成本的行业共性关键技术和基础性技术为主，与企业生产现场有机结合，力争研发出具有完整自主知识产权的关键技术，奠定技术领先优势；全面推广新一代可循环钢铁流程工艺等先进工艺技术。开展钢铁产业前沿装备技术，重点提升高端产品企业和特钢企业装备水平。

8.4.2.2 产品创新

钢铁产业的焦点在钢铁产品，钢铁产业的科技水平体现于产品，钢铁产业的效益也通过产品得以实现。随着经济发展方式的转变，下游产业转型升级和战略性新兴产业发展对钢材品种数量和质量均提出了更高的要求，钢铁产品和钢铁材料不仅要满足更苛刻的使用环境和更复杂的负载条件，而且要实现产品节约资源基础上的高性能化。

我国基础设施建设需要大量建筑用钢、桥梁用钢以及公路铁路用钢等结构钢材，需要实现在低成本、减量化的条件下生产出具有更高强度、更低屈强比且具有更高耐候性能和耐火性能的结构用钢。

当前，我国钢铁产业尚不能完全提供上述国民经济发展转型急需的钢铁材料，钢铁产品研发和生产是重要任务，且有很大空间[53]。

优化钢铁产品结构，一是要做好传统钢铁产品的升级换代。提高普通用途钢材的性能和质量，为延长下游产品寿命、用钢减量化创造条件，带动下游产业链效率的提升。积极引导高强度、高抗震性能建筑用钢推广应用。推进涂镀产品在家电、交通运输、建筑等行业的应用。二是要注重钢铁新产品、新材料的研发，特别是高端、优质、高附加值产品的研发，重点推进实施前沿性、特色化、差异化产品开发战略。

8.4.2.3 产业链创新

钢铁产业是保证国民经济平稳顺利发展的基础性产业，与其他产业具有非常高的关联性，高度的产业关联性也促使了钢铁企业可以与上下游企业建立起完整的产业链。

钢铁产业链延伸可以大大提高钢铁企业的市场竞争力。产业链延伸可避免行业同质化竞争、抵御市场风险，可以促进上下游企业的发展，通过与其他企业的合作实现共赢，是钢铁产业的重要发展方向，也是钢铁产业创新的主要方向之一。

大力发展钢材深加工产业。面向管道管件、钢木家具、标准件、丝网、铁塔架等后向关联产业，优化剪切配送、冲压焊接等延伸加工工艺，开发公共设计、公共检测和品种优化技术，延伸拓展钢铁产业链。开展用户技术研究，根据产品特点和用户的特定需求，开展热处理、焊接、成型、涂装、防腐等技术研究。

通过产品创新、技术创新，重点发展冶金辅料、物流仓储以及工程服务。大型钢铁企业可依托第三方专业机构，建设面向供应链的互联网云服务及交易平台，将设计、采购、生产、销售有机衔接。

为钢铁产业循环经济模式提供技术支撑。研发钢铁产业与电力、石化、建材等产业的循环经济产业技术，使冶金渣等固体废弃物复合肥料和精细化学品原料实现资源的循环利用；利用焦化生产过程协同资源化处理废轮胎、废塑料等社会大宗废弃物；钢铁企业要向社会提供余热、煤气等，实现钢铁产业钢铁产品生产、转换生产能源、废弃物排放三种功能，保证钢铁产业健康循环发展。

8.4.2.4 两化深度融合创新

两化融合是指信息化与工业化融合发展。简单来说，就是运用现代化的信息技术来改造传统企业，使传统企业产业升级，全面实现现代化发展。钢铁产业是保证国民经济平稳顺利发展的基础性产业，要大力推进钢铁产业的转型升级，两化深度融合创新是必由之径。

钢铁产业两化深度融合方面的流通创新，主要是在钢铁企业内部信息化的基础上，发力产业链的"互联网+钢铁"，转向制造业服务化。想要提高市场的需求，就要发挥好流通的作用，钢铁企业要通过产品流通连接市场需求，进而推动钢铁企业的生产。"互联网+钢铁"为钢铁企业带来了低成本、贴近最终用户、有利于定制并为客户提供更好的服务等优势，将导致钢厂直供比例大幅提升，钢铁贸易流通行业集中度大幅提升，成为互联网背景下和去产能背景下钢铁产业的战略选择，是推动供给侧结构性改革和传统产业转型升级的新动力。

8.4.2.5 管理创新

管理创新是科技创新的重要一环。在增加研发投入，打造技术创新体系的同时，也要强化管理创新。钢铁企业要充分利用信息化有关技术，开展管理创新，建立与技术、工艺、装备水平相适应的管理体制，保障科技创新成果的应用。从体系管理、现场管理发展到卓越绩效模式，逐步实现完善的全面质量管理。钢铁企业要建立健全信息资源管理系统，建设计量管理中心、质量管理中心、销售（合同）管理中心等专业化信息系统及其集成系统，推广应用产品在线监测系统、表面质量监测系统、污染物排放在线监测系统，以两化深度融合完善企业管理。

8.4.2.6 绿色发展创新

节能减排，绿色发展，建设资源循环型、环境友好型产业是我国钢铁产业的发展方向。经过多年实践，我国钢铁产业已经掌握了大量的节能环保技术，已有大量节能环保设施运行，但总体上相对粗放，在具备开展钢铁产业节能环保科技创新技术基础的同时，仍有较大的提升空间。

我国钢铁产业节能减排科技创新要从以下两个方面进行：一是流程优化，二是要提高能源和废弃物的利用效率。同时钢铁企业要进行钢铁产品生态设计，积极申报国家生态设计示范企业，建立绿色供应链，开展钢铁产品生态足迹、环境足迹核算与评价研究。

第 9 章　天津钢铁产业转型升级的对策

在国家技术创新、"一带一路"倡议、"京津冀"协同发展等战略实施的背景下，天津市钢铁产业既面临严峻的市场挑战，也迎来了重要的发展机遇。天津市政府部门应结合钢铁产业发展的实际，从推动钢铁产业结构化升级、去产能化、产业创新等方面出发，以钢铁产业结构优化调整、供给侧结构性改革为目标，制定和出台科学的、合理的产业政策，促进天津钢铁产业从简单的生产加工向更快捷、更智能、更柔性、更绿色的先进制造转变，在保障天津钢铁产业健康可持续发展的同时，也为其他产业供给侧结构性改革和产业升级的政策设计及制定提供参考范例。

9.1　科学设计去产能化政策

自 2015 年，我国钢铁消费与产量双双进入峰值弧顶区并呈下降态势[54]，钢铁产业产能过剩成为困扰我国钢铁产业发展的重要因素，面对复杂严峻的市场环境，政府部门科学地设计钢铁产业去产能化政策，对引导钢铁产业健康发展、促进钢铁产业供给侧结构性改革具有重要作用，对于天津市钢铁产业而言，可从三个方面进行去产能化的政策设计，从而形成多维度、系统性的天津市钢铁产业去产能化政策体系。

在淘汰落后产能方面：钢铁产业的落后产能不仅带来生产效率的低下、资源浪费、环境破坏等问题，也会造成钢铁产品供给过剩、影响产业升级和健康发展，因此，淘汰落后产能、优化钢铁产业的供给结构是天津市去产能化政策的重要关注点。在具体政策方面，首先，完善天津市钢铁产业去产能的相关制度和机制，明确政府在钢铁产业供给侧结构性改革、产业升级方面的引导和规范职能，纠正以往政府考核指标中的唯经济增长指标的做法，建立生态效益、产能过剩、科技创新等指标，树立绿色发展理念，为天津市钢铁企业划定生态效益红线；其次，按照国家出台的《中华人民共和国环境保护法》《钢铁行业产能置换实施方案》《钢铁行业规范条件》《钢铁企业超低排放改造技术指南》《京津冀及周边地区、汾渭平原 2020—2021 年秋冬季大气污染综合治理攻坚行动方案》等相关文件的要求，建立严格的监管机制，将技术、创新、环保、质量、安全等要素纳入监管范畴，对不符合相关制度文件要求的企业坚决关停，停止生产；再次，巩固已有的去产能成果，完善监督审查制度，天津市政府应明确各职能部门的监督责任，严查"地条钢"等不规范、不达标钢铁生产的情况死灰复燃；最后，健全钢铁企业的退出机制，加快天津市钢铁产业"僵尸企业"的破产清算进程，为钢铁产业的供给侧结构性改革和产业升级提供良好的发展空间，形成淘汰落后产能与钢铁产业升级发展良性互动的局面。

在严控新增产能方面：要制定严格的审批制度，建立健全相应的新增产能审批标准，将环境保护、生态效益、大气污染控制、碳排放等相关指标引入钢铁产业新增产能审批指标体系，严控钢铁产业的新增产能；同时，还要完善奖励机制，对于达到相应政策文件规定标准的企业，应予以相应的奖励和税收减免，激励企业进行技术创新，引导天津市钢铁产业的升级优化。

在优化存量产能方面：制定并健全激励制度，对钢铁行业产能和布局进行进一步的明确，对于已达标、重组的钢铁企业进行相应的激励措施，鼓励并引导钢铁企业跨区域、跨所有制进行产能的调整和优化，改变企业发展思路，引导企业积极进行科技创新，进行特种钢和钢结构等技术含量较高的新产品的生产，积极响应国家号召，促进钢铁企业存量产能的不断优化，保障天津市钢铁产业升级发展的绿色化和可持续性。

9.2 制定鼓励钢铁企业创新发展政策

钢铁企业的创新发展是钢铁产业供给侧结构性改革和产业升级的重要内容，钢铁企业当前的资源、条件限制对研发投入和新技术应用的动力不足，导致天津市钢铁产业的创新发展缺乏动能，造成天津市目前的钢铁产业发展存在原创性技术不足，前沿性、关键性技术成果应用不足等问题，而创新发展政策的制定和完善，能够有效增强企业创新发展动力，为天津市钢铁产业发展的供给侧结构性改革和产业升级提供有力的政策支持和保障。

增强企业的技术创新能力：技术创新是钢铁企业创新发展的重要支撑，相应政策的制定首先应关注企业自身的原创技术研发和应用，因此，在明确天津市钢铁产业发展技术条件的基础上，可制定钢铁企业新技术、新工艺、新材料的研发规划，建立钢铁产业发展关键技术的自主研发激励机制，完善钢铁产业创新技术的评选标准和条件，对于钢铁产业发展"卡脖子"的关键技术项目予以重点支持，进而引导钢铁产业发展自主技术创新良好氛围的形成；其次，健全技术引进标准和激励制度，重视学习、引进、吸收外部先进技术，在政策制定方面，应健全评价标准，侧重于钢铁产业关键领域、关键技术的引进，并且出台相应的激励措施，引导企业重视对引进技术的消化、吸收和创新，从而切实增强企业的技术创新能力，保证天津市钢铁产业发展技术创新的动能不断增强；最后，充分发挥政府的桥梁职能，积极探索和建立钢铁产业创新发展平台，借助平台政府可以建立企业与研发机构合作的便利渠道，聚焦钢铁产业发展的技术短板，促进钢铁企业、研发机构的多元合作，形成天津市钢铁产业健康发展的生态体系，为创新技术的研发和转化提供支持条件，为天津市钢铁产业技术创新能力的增强提供有力支撑。

推行钢铁产业智能化升级：随着信息技术的不断应用，智能制造已成为全球制造业升级发展的重要关注，钢铁产业作为传统制造业其智能化的升级发展是钢铁产业供给侧结构性改革、产业升级的重要内容。天津市钢铁产业创新发展政策制定时应结合钢铁产业的发展实际，从产业升级的角度，应加大相关政策中智能制造的政策引导和激励，结合我国"一带一路"倡议的推进实施，以智能传感、移动通信、物联网等技术的应用为重点，推进钢铁产业互联网、人工智能、大数据和云计算在钢铁制造各领域、各环节的深入融合及应用，形成产业发展的新动能[55]，占领产业未来发展的制高点，促进天津市钢铁产业竞争力的不断提高。

加快管理创新和服务创新：钢铁企业的创新发展离不开相应的管理创新和服务创新。在产业政策制定时：第一，应理清市场和政府在钢铁产业供给侧结构性改革中的作用和职责，明确市场在钢铁产业升级发展中的重要地位，建立和完善市场引导机制，使市场机制在资源配置、多元投资等方面的功能有效发挥，促进钢铁产业的健康发展；第二，创新政府的管理和服务模式，既要充分发挥政府的引导监督机制，又要避免对钢铁产业发展的过多干预，把握好市场和政府作用发挥的边界，处理好政府和市场在钢铁产业健康发展中的关系，具体而言，政府应履行好产业政策制定、行业规范明确、法律法规完善等方面的职责，为天津市钢铁产业的健康发展保驾护航；第三，出台相应的政策鼓励企业引进和培养具有丰富管理经验和实践能力的高层次管理人才，保障企业管理手段和管理方法创新的人力资源供给，使企业的管理创新和服务创新相应举措能够落地实施，促进企业经济效益、社会效益的同步提高。

9.3 产业链延伸与整合政策

纵观世界著名钢铁企业的发展历程可以发现，围绕产业链进行纵向的延伸和横向的拓展，实现钢铁企业由单纯制造向制造、服务综合集成的战略转变，使得企业具备更强的竞争能力和发展潜力是世界著名钢铁企业的重要发展特征。因此，对于天津市钢铁产业升级发展，在政策层面，同样需要关注围绕钢铁产业链的横向整合和纵向拓展两个方面。

对于钢铁产业链横向整合而言，政策的构成主要分为区域内钢铁企业的横向整合、跨区域钢铁企业横向整合以及跨所有制的钢铁企业横向整合三个部分，政府部门应完善企业横向整合的政策环境和制度安排，明确整合后的地区间利益分配关系及分税协议，为企业的横向整合提供良好的制度保障和政策环境。首先，区域内钢铁企业的横向整合，天津市政府相关部门应充分发挥政策制度的引导作用，制定并完善相应的区域内钢铁企业重组、并购、保障政策和机制，加快区域内钢铁企业的横向整合进程，推进钢铁企业间的重组和并购。目前天津市钢铁企业的横向整合已取得一定的成效，钢铁产能进一步调整优化，但是还存在龙头企业优势不突出、"僵尸企业"破产进程较慢等问题，因此，政府部门应加大政策引导力度，鼓励龙头企业技术创新和产能优化，瞄准钢铁生产的关键技术，加大研发力度，尽快实现技术突破，加快"僵尸企业"的退出进程，为钢铁产业的供给侧结构性改革提供发展空间。其次，对于跨区域整合，则应出台相应的政策鼓励企业进行跨区域的并购和重组，一方面，充分利用京津冀协同发展的契机，与京、冀两地钢铁产业的相关企业进行跨区域的重组和并购，尽快形成企业的优势主导业务，进一步增强企业的市场占有率和竞争实力，为企业的进一步发展打下坚实的基础；另一方面，跨区域整合的政策，应结合"一带一路"倡议、"自贸港"建设等战略的实施，鼓励企业在全国范围乃至全球范围内的跨区域并购，从而推动钢铁企业的强强联合，加快钢铁企业的生产结构和技术创新，增强钢铁企业的核心竞争能力。最后，鼓励企业进行跨所有制的整合，政府部门应出台相应的政策，鼓励和支持社会资本参与钢铁企业的并购重组，拓展钢铁企业生产经营的资金来源、引进先进的管理理念，从而保持钢铁企业的发展活力和动力，为天津市钢铁产业的供给侧结构性改革提供有效的社会资源支撑。钢铁企业的横向整合有利于形成钢铁企业的龙头引领机制、区域协同机制，促进钢铁企业做大做强，形成钢铁产业内企业横向整合的示范效应，提高钢铁产业供给侧结构性改革的成效。

对于钢铁产业链纵向拓展而言，根据产业链相关理论，处于产业链中部区域的钢铁制造企业往往在价值获得中处于利润微薄、竞争激烈的处境，因此，钢铁产业的升级发展，需要关注钢铁产业链的两端，为企业提供更为有效的产业链纵向拓展政策制度环境支撑，推动钢铁企业的产业链纵向拓展和延伸。对于上游产业而言，政策的制定应鼓励钢铁企业积极向原料、能源供应等领域延伸，通过入股、投资等政策支持，使钢铁企业更为有效地拓展和把控钢铁产业上游的核心资源，从而在保障钢铁企业自身生产经营需要的同时，降低生产成本、拓宽利润空间。对于下游产业而言，政策的制定应关注市场环境的规范以及钢铁产业链下游企业的拓展，在市场环境规范方面，政府部门应出台相应的政策，完善市场监管机制，打造公平、公正的市场交易规则，避免钢铁企业间的恶性竞争和价格扭曲，为钢铁企业提供一个良好的市场经营环境；在下游产业链拓展方面，由于处于产业链下游的销售环节同样能够获得较高的利润分成，因此，政策制定时，应鼓励钢铁生产企业积极向处于产业链下游的钢铁销售环节延伸，支持企业创新销售模式、与钢铁产业下游用户间（机械制造企业、水泥生产企业、建材制造企业、供暖及发电企业等）建立稳定的合作伙伴关系，从而确保钢铁生产企业能够具有稳定的销售渠道和利润来源。此外，政府部门还可以通过产业平台、激励政策等方式，积极引导钢铁企业与相关的研发机构合作，聚焦产业链的高端环节，为钢铁制造企业的创新发展提供支撑。

9.4 低碳绿色化发展政策

2020 年 9 月，习近平总书记提出"中国二氧化碳排放力争于 2030 年前达到峰值，努力争取 2060 年前实现碳中和"，这为我国生态环境持续改善、社会经济绿色发展提供了明确的目标指向，而钢铁产业作为我国制造业碳排放总量最大的产业，其低碳化的发展无疑是我国碳排放、碳中和目标实现的重要关注领域。鉴于此，天津市钢铁产业低碳化发展政策的制定应注意科学、合理的规划钢铁产业的产能、产量和产业链的延伸目标，完善钢铁产业低碳化发展中的政府管控、集中监督、分散管理等方面的内容及要点，明确存量和增量产能对低碳化发展的贡献状况，清楚现有产能的降碳空间以及严格把控新增产能的降碳潜力，在保证低碳发展目标达成的基础上，保持企业的稳定运营[56]，促进钢铁企业经营赢利水平的持续提高。在具体政策制定时，可着重考虑以下七个方面：

加快进行低碳化发展的区域政策设计，钢铁企业由于其生产经营的特点，往往是区域碳排放管控中的重点关注，区域政策的设计需要让企业明确区域碳排放的目标和标准，让企业在生产经营中能够明确区域的碳排放管控目标，在绿色发展的基础上，科学合理地规划和设计自身的经营发展目标和策略，从而为区域经济发展贡献力量的同时，也能够有效保证企业的生产经营顺利进行，促进企业的发展壮大。在具体政策设计时，要从国家和行业出台的相应制度文件出发，根据碳达峰、碳中和的时间、目标，规划天津市钢铁产业的碳达峰目标、路线和行动方案及具体举措，从而为钢铁企业提供明确的低碳化发展的目标和时间节点，让企业生产经营政策的制定能够有依据、有标准、有目标。

制定并完善钢铁产业低碳化发展标准，特别是针对钢铁企业生产经营相关的低碳化标准的制定，对钢铁企业生产经营具有重要意义，能够为企业的低碳化发展提供明确的达标条件参考。具体的低碳化发展标准的完善，第一，要根据国家的碳排放发展目标和要求，加快天津市钢铁产业碳排放标准的制定和完善，从碳排放核算、碳排放的数据统计与核准、监督管理标准、钢铁产业碳排放服务管理等领域出发，形成体系化的天津市钢铁产业排放标准体系，从而推动天津市钢铁产业在满足碳排放要求的前提下健康、稳定的发展；第二，天津市钢铁产业碳排放标准的制定和完善要与相应的绿色制造、智能制造等领域的标准相结合，使得天津市低碳、环保的绿色化经济发展相应标准具有一致性和系统性，从而保证钢铁产业低碳发展标准的规范、监督、管理作用机制的有效发挥，促进天津市钢铁企业低碳发展与区域经济发展的有机融合；第三，要积极研究并制定钢铁产业低碳发展的技术标准，从而为钢铁产业技术创新、低碳技术的有效应用提供依据，可关注氢能冶金、低碳技术等领域的标准制定与完善，从而以科学、合理的技术标准推动企业对先进科学技术研发、创新、应用的积极性，提高天津市钢铁产业发展低碳技术应用的质量和效益；第四，结合国家的碳排放要求和目标，参照其他地区的碳排放标准，天津市钢铁产业碳排放标准的制定应坚持先进标准引领，先进的标准能够有效促进钢铁产业整体的发展质量，为钢铁产业的可持续发展提供有效的保证机制，能够促使天津市钢铁产业整体发展水平的不断提高，为天津市钢铁产业的高质量、低碳化发展提供有效的标准支撑，具体标准制定可重点关注钢铁产业碳排放基准值、先进技术数据的设定等方面，从而有效指导钢铁产业的碳排放配额分配，更为科学地制定钢铁企业的碳排放标准；第五，在天津市钢铁产业标准制定时，要重点关注天津市钢铁产业碳排放限额标准的明确和完善，为钢铁企业碳排放量化方法、能耗限额、污染物排放等方面提供科学有效的限额依据。此外，还要强化天津市低碳标准的全过程管理，加强钢铁产业低碳发展的宣传力度，提高钢铁企业参与标准制定与完善的积极性，在标准制定、标准执行、结果评价等方面加大管理监督力度，使得天津市钢铁产业低碳化发展标准的制定和完善不仅重视标准的制定结果，更要重视标准的制定、贯彻、实施全过程，从而提高标准的执行效率，提高标准的生命活力，使标准的规范、管理、监督作用充分发挥，提高标准的服务能力，促进天津市钢铁产业的低碳化发展。

健全考核条件及激励机制，天津市政府部门可针对总量控制和强度监督两个方面对钢铁产业的低碳化发展进行政策和制度的建设与完善，明确考核的方式、手段和考核部门，结合钢铁产业的发展实际，运用政府直接考核与第三方考核相结合的方式进行钢铁企业碳排放、绿色化发展的考核，激发钢铁企业低碳化发展的积极性和主动性。

健全低碳化发展的技术创新激励政策，钢铁产业的低碳化发展离不开技术创新，低碳技术的发展能够在降低企业碳排放的同时，还能够保障企业的平稳运营。因此，天津市政府部门在钢铁产业低碳化发展政策的制定时，应加大钢铁行业低碳技术的创新支持力度，以政策、税收等形式，鼓励钢铁企业与科研院所进行合作，推进钢铁企业低碳化发展技术和设备的研发、引进、吸收和创新。

加快钢铁产业碳市场化进程，结合国家的碳市场化进程，制定并完善天津市碳市场化的相关政策和制度，推动天津市钢铁企业尽快进入全国碳市场，加快天津市钢铁产业的碳排放交易的市场化进程。

推进钢铁产业全产业链的低碳化发展，通过相关政策和制度[57]，在钢铁企业生产方面，对钢铁企业清洁能源的使用进行引导，加快清洁能源替代传统石化能源的进程，从钢铁企业的生产源头降低碳排放，在钢铁企业上下游领域，同样借助政策和制度的约束力和引导力，在采购、运输、销售等环节，采用低碳技术、运用低碳工具和设备，降低整个钢铁产业的碳排放总量。

加快钢铁产业低碳金融体系建设，为进一步保障钢铁产业的低碳化发展，天津市可积极出台相应的绿色金融发展促进政策，建设并完善相应的绿色金融体系，以绿色金融产品（绿色信贷、绿色债券、绿色股票指数等）、绿色金融服务（钢铁项目低碳发展投融资、信贷证券、风险管理等）等相关领域政策的不断完善，加快钢铁产业低碳化发展金融体系的建设，为天津市钢铁产业的低碳化、绿色化发展提供有力的金融服务支持。

9.5 金融服务创新支持政策

钢铁产业是国民经济发展的重要基础产业，其升级发展的水平是国民经济、综合国力提升的重要标志，而金融服务对国民经济快速、健康发展具有重要的支撑作用，因此，金融服务创新政策的不断完善是钢铁产业升级发展的重要支撑和保障。当前，我国钢铁产业正处于供给侧结构性改革、升级发展的关键时期，绿色发展、高端制造环节和技术的突破都是钢铁产业升级发展的重要关注，而针对钢铁产业升级发展的金融服务创新则是钢铁产业迈向高端制造、低碳化发展的重要支撑，因此，天津市政府部门应重视钢铁产业升级过程中金融服务创新相关政策的制定，从而为天津市钢铁产业的升级发展提供强大的金融服务支持保障。

第一，应强化金融政策的支持性，积极营造良好的钢铁产业升级发展金融政策环境，突出金融政策的公益性和支持性特征，以政策引导和强化金融支持资金的科学合理配置，不断完善钢铁产业横向整合与纵向拓展的资金转贷机制，为钢铁企业的资源整合与业务拓展提供资金支持政策保障，通过政府、金融机构和钢铁企业三方的有效协同，提高金融资金配置的科学性和资金使用的效率性，以有效缓解天津市钢铁产业升级发展中的资金困境，防范企业资金链断裂等不利状况的发生，为钢铁产业供给侧结构性改革的推进提供强大的金融助力，保证钢铁企业的顺利整合与平稳运营。

第二，要注意金融支持政策的差别化，对钢铁产业中不同的企业应予以区分，并通过金融政策和制度的科学制定，发挥政府对于钢铁产业升级发展的引导、监督功能。在金融政策中应明确不同企业的划分标准，对已完成落后产能淘汰任务的企业，进行相应的金融政策支持，为企业新设备、新技术的引进和使用提供便利的资金渠道，为企业瞄准钢铁产业链高端进行突破发展提供良好的金融政策支持；对于"僵尸企业"和技术、设备不达标的企业应制定严格的金融政策，减少或停止新增金融支持服务，对已有的存量信贷应通过政策，引导企业有序退出信贷，降低金融风险，以利于将有限的资金用于钢铁产业升级发展的关键之处，优化资金的配置及使用。此外，对于已完成兼并重组或正在进行兼并重组的钢铁企业在金融政策上明确扶持性和倾斜性，引导和鼓励企业进行兼并重组，推进钢铁产业供给侧结构性改革的顺利进行。

第三，创新金融政策，构建全产业链的金融服务支撑平台，在"三去一补一降"的政策背景下，钢铁产业去产能、化解过剩产能的任务艰巨，这就要求政府部门创新金融政策，构建覆盖钢铁产业全产业链的金融服务支撑平台，引导金融服务机构综合运用保险、信贷、融资、租赁、贴现等手段，向钢铁产业的原料、设备、生产和销售各个环节渗透，促进钢铁企业尽快完成兼并与整合，建立钢铁企业的品牌优势，保障去产能过程中的资产处置、优化组合及价值提升。

第四，设立创新发展基金引导并鼓励企业创新发展，基金的设立及相应政策的制定应注意三个方面：一是创新发展基金应重点支持技术创新，对钢铁企业制造环节关键技术、关键设备的研发创新予以重点的支持，保障企业技术创新的资金供给；二是支持钢铁企业引进新技术、新设备和高技术人才，对于新技术、新设备应侧重于新技术和新设备的使用成效及消化创新状况，对于高技术人才则应关注其人才功能的发挥，对企业生产经营成效的贡献情况；三是注意社会资金的引入，在为钢铁企业创新发展提供资金支持的同时，也要加速企业创新成果的应用转化，为钢铁产业升级发展提供有效助力。

9.6 财税引导政策

钢铁产业供给侧结构性改革过程中，去产能、兼并、重组等举措的实施，不可避免地都会涉及企业的税收问题，因此，政府部门可借助科学合理的财税政策积极引导钢铁产业升级发展，推进钢铁产业的供给侧结构性改革进程。现阶段，天津市政府部门应制定并完善钢铁产业升级发展财税政策，综合运用财税政策手段，充分发挥财税政策的引导和激励作用，促使钢铁产业资源配置的合理化，提高钢铁企业的经营效率，进而提升钢铁企业的创新能力和核心竞争能力。

企业兼并重组财税政策：钢铁企业间的兼并和重组，是钢铁产业淘汰落后产能、企业发展资源优化整合、提升钢铁产业整体发展质量的重要方式，而相应财税政策的完善保障则是钢铁企业兼并重组的重要政策支撑。对于具体的天津市钢铁企业兼并重组财税政策，可针对正在进行和已经完成兼并重组的企业制定相应的支持性财税政策，如以所得税递延纳税、降低重组股权支付比例标准、税种全面衔接等方式，鼓励支持企业进行兼并重组，为企业的兼并重组提供良好的财税政策环境。

"僵尸企业"淘汰财税政策：制定并完善企业出清豁免历史欠税等政策，

明确豁免的标准、企业范围、程序方法、时间界限，加快"僵尸企业"的淘汰进程，为具有良好质量、效益的钢铁企业提供更为广阔的发展空间；完善去产能、淘汰"僵尸企业"所带来的人员分流政策和制度，从分流人员创业、再就业等方面给予财政税收政策的扶持，可以采用创业群体税收减免，再就业人员聘用企业税收优惠等政策保证钢铁企业去产能、"僵尸企业"淘汰过程的平稳性。此外，"僵尸企业"淘汰财税政策的制定和完善，对企业也能起到督促和警示作用，促进企业加快先进技术的应用、提升发展质量，为区域制造业的高质量发展提供有效助力。

科技创新财税政策：首先，借鉴欧美等发达国家的经验，对钢铁企业研发创新给予重点关注，在研发费加计扣除和会计核算口径统一等方面完善相应的财税政策，降低企业研发创新税费，支持钢铁企业进行技术创新、新技术应用，促进企业研发积极性的提高；其次，通过财税政策鼓励企业进行技术改造和设备更新，鼓励企业建立研发中心，提升资产加速折旧待遇，激发企业技术改造和设备更新的积极性，进一步增强钢铁产业升级发展的动力；最后，科技创新财税政策还应在钢铁企业的管理创新和服务创新方面给予相应的鼓励和支撑，帮助企业建立现代化新型企业组织架构，完善企业的产权、股权分配制度，提高企业的管理效率，对企业进行服务创新给予一定的财税政策支持，鼓励企业进行全产业链的服务创新，从而为钢铁企业的高质量发展提供有效的财税政策支撑。

钢铁产业贸易财税政策：钢铁产品的出口，特别是高端钢铁产品的出口是钢铁产业升级发展的重要标志，也是钢铁企业创新发展成效的重要表现，通过优化钢铁产品出口退税政策、境外投资、进口设备税费减免等财税政策可以为钢铁企业的产品出口提供便利条件，鼓励钢铁企业积极进行钢铁产品的进出口贸易，增强钢铁企业的发展活力和动力。

9.7 行业协会作用的激发政策

行业协会是政府和企业之间的桥梁和纽带，能够为政府的科学决策提供有效的建议，为企业的健康发展提供引导，是钢铁产业健康发展的重要中观支撑力量。天津市钢铁产业的高质量发展离不开相应行业协会的支撑引导机制的充分发挥，特别是作为钢铁产业发展的重要引导力量，钢铁工业协会作用的发挥对于天津市钢铁产业的低碳化、高质量、高效益发展具有重要意义。天津市钢铁产业健康发展过程中，行业协会作用和机制的有效发挥主要集中于以下方面：

在资源整合方面：钢铁产业相关行业协会对相应的企业资源利用状况、企业发展情况具有较为清晰的认知，从而能够为企业的资源整合、兼并重组提供科学合理的建议，能够为企业提供更多的资源信息和渠道，促进企业的资源优化整合，为钢铁产业的健康发展提供有效的资源优化、保障引导和支持。

在产业发展引导方面：行业协会具有一定的治理市场秩序、保障企业和公众利益的职责，因此，行业协会能够通过自身在行业中的组织力和影响力，促进企业有效落实政府有关市场秩序、公众利益的政策和制度，从而为钢铁产业发展提供良好的市场环境，保障企业健康和高质量发展。同时，行业协会可以借助自身对行业发展的实际了解和认知，为企业积极引进和应用先进的钢铁产业技术提供便利渠道，引导企业进行技术创新、管理创新和服务创新，从而为企业高质量发展提供助力。

在标准制定方面：行业协会在钢铁产业低碳化发展标准的制定中具有极为重要的作用，一方面，行业协会能够借助对行业发展状况了解和熟悉的便利，从而在钢铁产业低碳化发展的相关标准制定中发挥重要的作用，由于不同的企业其发展状况不同，对低碳化发展的认知和要求也有所区别，这就需要行业协会从钢铁产业发展的整体出发，为相应标准的制定建言献策，从而保障相关标准制定的科学性与合理性；另一方面，行业协会也能够从中观层面对标准的执行和实施起到监督管理责任，对企业实施和执行钢铁产业低碳化发展标准提供指导、培训，使得相应的标准、制度能够顺利地在企业实施和落地，从而切实提高钢铁产业的发展质量和效益。

在政府决策方面：政府通过相应政策的制定和实施，保障钢铁产业的低碳化健康发展，是钢铁产业发展的宏观调控和监督管理，而行业协会则是从中观方面促进钢铁产业高效益、高质量发展，能够借助自身的优势条件为政府的政策制定、落实提供重要支撑。行业协会对行业的发展现状有一定的评估和判定，对行业发展的趋势有一定的预测，熟悉国际、国内钢铁产业先进技术的创新、应用情况，因此，在政府决策的相关政策、制度制定和实施时，能够从标准制定、产业发展、技术创新、管理服务提升等方面，为政府提供有效的决策支持信息、数据和建议，从而帮助政府进行更为科学、合理、有效的政策制定，并且帮助政府进行相应政策的执行和落实。此外，行业协会由于其自身与行业内企业的密切联系，能够有效地统计相应的钢铁企业、产业发展数据，能够借助相关的信息技术分析当前钢铁产业发展中的问题和不足，并及时向政府反馈，使得政府可以更为科学地调整政策导向，更为有效地促进钢铁产业发展质量效益的提高，有效保障天津市钢铁产业低碳化、绿色化健康发展目标的实现。

在企业服务方面：一方面，行业协会能够借助自身对产业发展现状、趋势的评估和预测，为企业发展决策提供指导和帮助，明确企业自身在行业发展中所处的地位、具有的优势和不足，协助钢铁企业更为科学、精准地把握产业发展的趋势，使企业能够更好地制定自身的发展战略；另一方面，行业协会能够为企业提供相应的培训咨询服务，在技术培训、管理咨询方面发挥行业协会的作用，为企业先进技术发展、创新、应用提供培训和咨询，为企业技术升级、设备改造、先进设备的引进和应用提供培训，从而助力企业高质量发展。同时，行业协会能够通过相关行业发展数据和信息的发布，让企业更好地把握钢铁产业发展的动态，便于企业及时做出发展战略的调整和应对，保障企业生产经营活动的顺利进行。

在桥梁、纽带方面：首先，行业协会是政府和企业间沟通交流的桥梁和纽带，能够向政府及时反馈企业的发展状况、面临的问题以及相关政策的落实情况，促使政府调整相应的政策，促进钢铁产业、企业的健康发展，同时，也能够向企业公布相关的政府政策、标准，让企业及时了解政府对钢铁产业发展的政策导向和制度标准，从而有助于企业低碳化发展定位和目标的确立；其次，行业协会能够搭建企业间的交流互助平台，通过行业协会的信息平台，为企业提供新技术引进、技术研发、先进设备引进和应用、人才交流和引进等方面的便利渠道，为企业低碳化、绿色化发展提供有效助力；最后，行业协会还能够为钢铁企业和研发机构及相关院校提供有效的沟通交流渠道，促使研发机构和相关院校所研发、创新的钢铁产业相关低碳技术、信息技术、先进生产制造技术的应用和转化，实现钢铁产业、研发机构及相关院校快速、高质量发展的共赢局面，促进天津市钢铁产业低碳化创新发展。

第 10 章　总结与展望

作为北方经济中心的天津，城市竞争力、驱动力持续提高，保持着创新发展的良好势头。天津钢铁产业以资源集聚集约为路径，已形成成熟的钢铁全产业链条、规模化产业集群，上下游企业协同协作、循环配套。借助钢铁产业的优势产品，打造优质板材和高档金属制品两大产业链、延伸产业链、强化产品深加工，以追求全产业链的效益。创新开发高新特精钢铁产品，培育独特产品高地；发挥天津本土资源禀赋优势，积极展开非钢配套产业，培育钢铁物流、钢铁贸易供应服务链。天津市钢铁产业的绿色发展，引导钢铁行业不断从"制造"向"智造"转型，将天津钢铁产业打造成产业集中、行业结构优化、节能环保领先、以质取胜的发展模式，蜕变为经济效益好、自主创新能力强、持续发展能力显著的钢铁行业，为我国由制造大国转向制造强国奉献天津力量。

10.1　本书研究视角和结论

10.1.1　本书研究的主要视角

（1）钢铁是天津市的支柱产业。随着产业发展的资源、环境等制约因素逐步增大，盈利空间降低，钢铁行业的可持续发展受到不断的挑战。供给侧结构性改革将得天津市产业集中度有所提高，推进天津钢铁产业进一步向精加工、高端产品转变，提高钢铁企业的整体竞争力。

（2）钢铁产业与其他产业关联度高，消费拉动大，其供给侧转型事关天津市整个经济结构调整，涉及城市经济的方方面面。这需要政府加强顶层设计、创新监管，利用系统思维推进组织和运营管理的模式创新，整合资源，转化管理模式，提高执行效率，进而增强城市管理的核心能力。

（3）钢铁产业链要不断延伸和拓展，向非钢配套服务要效益。提高行业整体服务水平。天津钢铁产业链向上游原材料、下游装备制造等产业延伸不够，向下游电子商务、物流贸易等生产性服务业拓展不足。

（4）钢铁是全球化的大宗商品，要站在国际化的高度探讨钢铁产业的转型升级。全球的铁矿石被少数几个国家垄断，铁矿石进口价格变化多样，中国钢铁行业缺失铁矿石定价的发言权，对钢铁产业链的一体化是负面的，大力开发钢铁有关产品的期货市场势在必行。

（5）产业政策创新是钢铁企业创新的重要保障。政策创新在整个服务创新体系中居于基础和保障地位，是解放和发展生产力的根本途径。作为激励功能的制度可以充分调动企业的积极性和创造性；作为市场配置功能的制度可以充分调动各种社会资源并实现这些资源的优化配置。

10.1.2　本书研究的结论

第一，实施钢铁行业一体化整合，提升整个行业集中度。在国家供给侧结构性改革钢铁企业重组大背景下，钢铁企业的优化重组不应只是停留在表面和形式上，重组企业间的产品整合、业务协同、文化融合更为重要。只有做到真正意义上的重组，对内才能充分整合企业内部资源，对外才能形成有效的市场协同与竞争合力。参与重组的钢铁企业，政府应倾斜财政支持力度，金融、税收政策也应有相应的支持，如减免重组企业的有关税费，激励商业银行对整合重组的企业给予优惠信贷支持等。

第二，打造高精尖钢铁产业的领头羊，实施差异化发展战略。从京津冀区域视角看天津钢铁产业，不能与河北钢铁进行同质化竞争，而要与河北钢铁产业围绕差异化竞争，提升天津钢铁产业的品质和档次。要促进天津钢铁产业的技术含金量，以创新驱动行业快速转型和高速发展，充分发挥天津北方国际航运中心和国际物流中心的区位优势，完善钢铁产业的国际化、专业化、特色化、信息化产业链体系。

第三，渗透绿色低碳的钢铁产业链内涵。钢铁是重污染行业，与循环经济发展理念有些违和，围绕天津钢铁产业链全流程的绿色环保才是终极的解决方案。产业链上游要统筹安排，引入金融工具保障铁矿石的供应，也可加强废钢铁的回收利用；不断开发低碳节能生产工艺，形成可复制的治理技术[58]。钢铁产业链相关企业要与产业链下游需求密切匹配，减少中间环节，压缩产业链的流通长度。

第四，充分发挥优势产业的扩散效应，打造非钢服务经济增长点。优化天津钢铁物流运转体系，完善钢铁金融市场，重构终端电子商务销售平台，等等，为钢铁产业一体化运转铺垫良好的产业基础。钢铁物流通过大规模的标准化提供低成本的服务，形成优质高效的服务链，通过智能化的管理平台尽可能地匹配满足下游的个性化需求。

第五，要凸显政府对钢铁产业的引导作用，营造良好的内外部政策环境。钢铁产业快速健康发展，政府部门首先要走在最前面，引导相互关联企业纵向配套、横向协作，加速产业链整合，延伸产品品种功能；其次要突出行业协会的重要作用，激发钢铁全产业链向高质、高端、高效发展。

第六，围绕钢铁产业链积极探索、树立"创新城市"的新理念。天津有良好的产业基础，但天津经济转型缓慢，需加快产业转型创新速度，孵化培育龙头行业，更好地探索、适应市场经济的天津发展路径，将天津建设为创新体系健全、创新要素集聚、创新效率高、经济社会效益好、辐射引领作用强的国家创新型城市。

产业创新要内化于念，固化于制，外化于行。天津钢铁产业的发展重任，要紧紧围绕机械、汽车、机电、造船等装备制造行业所需，提供有竞争力的钢铁产品，实现钢铁产业资源效率的最优转化。

10.2 本书研究的创新点

（1）选题创新。钢铁是天津供给侧结构性改革的重点行业，所做研究对于提升天津城市竞争力，促进产业拓展都有重要的价值。本书着眼于天津钢铁行业结构性改革，旨在提升行业整体管理水平，加快钢铁产业转型升级与发展，推动制造业到智造业的提升，以实现产业高质量、高水平发展。

（2）研究体系创新。将钢铁产业链闭环系统引入天津钢铁产业的研究之中，深化钢铁产业的供给侧结构性改革。本书关注了废钢铁的回收利用，引入了全产业链视角分析天津供给侧这个复杂运转体系，发挥出了系统的整体优势。

（3）内容创新。本书紧紧围绕钢铁这种大宗交易商品的特性，从其物流活动的系统整合的思路对天津钢铁产业发展展开研究。涉及钢铁产业链上下游，诸如价格传导机制、产业关系网络、产业协同发展等方面，对天津钢铁业的快速转型进行了系统化的阐述。

10.3　本书研究的不足

鉴于目前国家及地方有关资料数据滞后的情况，本书研究的内容有一定的局限性，定性分析多，定量分析不足。对于国外先进国家的经验有所涉及，但是内容较少。值得我们注意和进一步思考的问题主要有三个方面：一是钢铁产业作为天津经济发展的火车头，政府应如何引导、规范其创新发展以形成城市动力源；二是钢铁企业是城市经营的微观主体，基于企业的逐利性，如何激发企业的创新热情，引导社会资源投入到创新活动的第一线；三是钢铁产业如何推进资源循环利用实现绿色发展，推动绿色制造技术创新及产业化，如何构建涵盖绿色产品、绿色工厂、绿色园区，以及绿色供应链的绿色制造体系。

参考文献

[1] 乐晴智库. 钢铁产业链全景解析［EB/OL］.［2021-03-04］.https://baijiahao.baidu.com/s? id＝1693279943126537868&wfr＝spider&for＝pc.

[2] 刘建勋. 2018年钢铁物流行业市场现状与发展趋势［EB/OL］.［2019-05-21］.https://www.qianzhan.com/analyst/detail/220/190520-55c0333e.html.

[3] 产业信息网. 2019年中国废钢铁回收行业发展现状、市场发展前景、发展中存在的问题及解决策略分析［EB/OL］.［2020-10-30］.https://www.chyxx.com/industry/202010/900308.html.

[4] 河钢集团有限公司. 基于工业互联网的钢铁产业链协同发展体系的构建与实施［J］.冶金管理，2021，34（4）：33-37.

[5] 刘妍心，李华姣，安海忠，等.基于"废钢回收"的中国钢铁产业链资源-经济-环境动态耦合［J］.资源科学，2021，43（3）：588-600.

[6] 同花顺财经. 2019年中国钢铁物流行业市场现状及发展趋势分析［EB/OL］.［2019-06-05］.https://baijiahao.baidu.com/s? id＝1635480364281143485&wfr＝spider&for＝pc.

[7] 徐君，任腾飞.供给侧结构性改革驱动钢铁产业转型升级的效应和路径研究［J］.资源开发与市场，2017，33（5）：579-583.

[8] 李英，赵文报.钢铁行业过剩产能的成因与对策选择［J］.产业与科技论坛，2017，16（4）：13-14.

[9] 韩梦思，王晓娣，朱安冬.河北省钢铁产业集中度分析［J］.合作经济与科技，2017，33（8）：20-21.

[10] 姜坤.新常态下加快钢铁产业转型发展的几点建议［J］.天津经济，2015，21（6）：29-31.

[11] 王蒙.钢铁行业"产业集中度"与"产品集中度"再析［J］.冶金管理，2015，28（4）：12-18.

[12] 徐康宁，韩剑.中国钢铁产业的集中度、布局与结构优化研究：兼

评 2005 年钢铁产业发展政策［J］.中国工业经济，2006，24（2）：39-46.

［13］王海兵.产业政策化解产能过剩的国际经验与启示：以美国和日本钢铁产业为例［J］.现代日本经济，2018，37（6）：45-62.

［14］FENG P, XUE Y, SHIHUA P. Comparative study on industrial concentration degree of China, Japan, USA, Korea steel industry［J］. E3S Web of Conferences, 2021, 235（1）: 2002-2008.

［15］时洪浩，郝海.论物流服务网络化的机理与构建途径［J］.商业时代，2013（2）：37-38.

［16］郝海，顾培亮.政府监督下单群体行为的博弈分析［J］.哈尔滨工业大学学报（社会科学版），2003（2）：100-102.

［17］葛泽慧，于艾琳，赵瑞.博弈论入门［M］.北京：清华大学出版社，2018.

［18］让·梯若尔.产业组织理论［M］.北京：中国人民大学出版社，2018.

［19］郭汉丁，郝海，张印贤.工程质量政府监督显示机制与实施策略研究：基于委托代理链结构［J］.建筑经济，2017，38（12）：21-24.

［20］郝海，顾培亮，卢奇.石油价格的系统动力学特征分析［J］.系统工程，2002，20（4）：37-43.

［21］张艳兰，栾元重，尹燕运，等.混沌时间序列相空间重构及特性识别［J］.测绘科学，2016，41（4）：15-18.

［22］赵自阳，王红瑞，赵岩，等.基于混沌理论的汉江上游安康站1950—2014 年逐月降水量特征［J］.长江科学院院报，2021，38（7）：137-142.

［23］龚祝平.混沌时间序列的平均周期计算方法［J］.系统工程，2010，28（12）：111-113.

［24］马军海.经济、金融复杂系统的非线性分析方法［M］.北京：科学出版社，2021.

［25］刘春雨，王锐.国际大宗粮食商品价格对我国粮食价格的传导机制研究：以大豆为例［J］.价格月刊，2015，459（8）：7-11.

［26］谭莹，张俊艳.国际饲料粮期货市场对国内猪价动态传递效应研究［J］.金融经济学研究，2021，36（3）：142-160.

［27］聂娟，王琴英.国际市场因素对我国大豆价格的传导效应分析［J］.

价格理论与实践. 2017 (2): 112-115.

[28] 柳苏芸, 韩一军, 包利民. 价格支持政策改革背景下国内外大豆市场动态关联分析: 基于贝叶斯 DCC-GARCH 模型 [J]. 农业技术经济, 2016 (8): 72-84.

[29] 李喜贵. 警惕国际玉米市场价格波动对国内的传导 [J]. 粮食问题研究, 2021 (4): 48-51.

[30] 杨迪, 崔婧, 李翔. 线下交互的动态社交网络研究进展: 挑战与展望 [J]. 计算机学报, 2018, 41 (7): 1598-1618.

[31] 熊瑶. 在线社会网络拓扑分析及社区发现技术研究与应用 [D]. 成都: 西南交通大学, 2017.

[32] 李茂. 北京产业关联网络的拓扑特征研究 [J]. 北京社会科学, 2016, 31 (5): 57-67.

[33] 周勇, 李苗苗. 基于产业网络的东中部省份核心-边缘结构研究 [J]. 求索, 2018, 38 (2): 85-93.

[34] 龙雄伟. 复杂网络视角下我国产业关联结构研究 [J]. 商业经济研究, 2017, 36 (20): 180-182.

[35] 扑克投资家. 钢铁行业下一个风口: 废钢和电炉炼钢! 或许以后 100% 的螺纹钢都会由废钢产出 [EB/OL]. [2017-05-28]. https://www.sohu.com/a/144284623117959.

[36] 蔡毅, 田晖. 我国废弃电器电子产品多渠道回收体系构建研究与行业展望 (上) [J]. 家电科技, 2016 (6): 34-37.

[37] 蔡毅, 田晖. 我国废弃电器电子产品多渠道回收体系构建研究与行业展望 (下) [J]. 家电科技, 2016 (7): 30-32.

[38] 黄莹莹, 郝海. 第三方回收再制造供应链的收益共享契约协同 [J]. 天津职业技术师范大学学报, 2017, 27 (2): 48-52.

[39] SHAIK M, ABDUL-KADER W. Performance measurement of reverse logistics enterprise: a comprehensive and integrated approach [J]. Measuring Business Excellence, 2012, 16 (2): 23-34.

[40] 彭向, 张勇. 基于时变需求的供应链网络动态均衡模型 [J]. 系统工程理论与实践, 2013, 33 (5): 1158-1166.

[41] 公彦德, 李帮义, 刘涛. 基于物流费用分摊比例的闭环供应链模型 [J]. 系统工程学报, 2011, 26 (1): 39-49.

[42] 魏征, 王亚民. 博弈视角下闭环供应链契约协调研究 [J]. 经济数学, 2013, 30 (2): 63-67.

[43] 夏文汇, 宋文权. 基于回收物流成本的不同权力结构闭环供应链决策研究 [J]. 重庆理工大学学报: 社会科学版, 2016, 30 (9): 74-81.

[44] ATASU A, TOKTAY L, WASSENHOVE V. How collection cost structure drives a manufacturer's reverse channel choice [J]. Production & Operations Management, 2013, 22 (5): 1089-1102.

[45] 王玮. 我国钢铁企业纵向一体化研究 [D]. 上海: 华东政法大学, 2011.

[46] 李颖, 刘贻新, 张光宇等. 新型研发机构参与主体的合作策略选择: 演化博弈视角 [J]. 科技管理研究, 2019, 38 (8): 75-81.

[47] 陈建华, 等. 去产能背景下钢铁产业转型升级研究 [M]. 北京: 经济科学出版社, 2017.

[48] 顾阳. 钢铁去产能为何重返风口浪尖 [N]. 经济日报, 2021-04-09 (005).

[49] 张翼. 推进我国钢铁产业供给侧结构性改革的思考与探索 [J]. 管理观察, 2018, 37 (22): 43-44.

[50] 霍忻. 全球制造业质量竞争: 基本格局、驱动因素与发展对策 [J]. 国际贸易, 2020, 39 (4): 87-96.

[51] 于勇, 李新创. 基于跨界融合视角的钢铁企业商业模式创新 [M]. 北京: 冶金工业出版社, 2020.

[52] 魏际刚, 赵昌文. 促进中国制造业质量提升的对策建议 [J]. 发展研究, 2018, 35 (1): 11-15.

[53] 王悦晓, 施灿涛, 杨星, 等. 大数据在钢铁行业质量管理中的应用研究 [J]. 中国国情国力, 2020, 29 (7): 20-22.

[54] 李新创. 中国钢铁未来发展之路: 减量 创新 转型 [M]. 北京: 冶金工业出版社, 2018.

[55] 张倩倩. 关于我国钢铁业产业链整合问题的研究 [D]. 北京: 北方工业大学, 2012.

[56] 李静宇. 钢铁业在机遇与风险博弈下的变革 [J]. 中国储运, 2021, (5): 31-33.

[57] 全国能源信息平台. 中国钢铁产业的发展与展望: 碳中和影响深远 [EB/OL]. [2021-08-12]. https://baijiahao.baidu.com/s? id=17078739783

09777423&wfr＝spider&for＝pc.

　　[58] 一路交易. 中国钢铁产业的发展与展望[EB/OL].[2021-07-29].ht-
tps：//caifuhao.eastmoney.com/news/20210729042928200218190.

　　[59] 张福明，李林，刘清梅. 中国钢铁产业发展与展望 [J]. 冶金设备，
2021，43（1）：1-6.

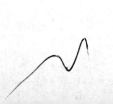